王菲

著

中国城市商业银行效率问题研究

经济管理出版社
ECONOMY & MANAGEMENT PUBLISHING HOUSE

图书在版编目（CIP）数据

中国城市商业银行效率问题研究/王菲著. —北京：经济管理出版社，2022.10
ISBN 978 - 7 - 5096 - 8312 - 5

Ⅰ.①中…　Ⅱ.①王…　Ⅲ.①商业银行—经济效率—研究—中国　Ⅳ.①F832.33

中国版本图书馆 CIP 数据核字（2022）第 031959 号

组稿编辑：乔倩颖
责任编辑：乔倩颖
责任印制：黄章平
责任校对：董杉册

出版发行：经济管理出版社
　　　　　（北京市海淀区北蜂窝 8 号中雅大厦 A 座 11 层　100038）
网　　　址：www. E - mp. com. cn
电　　　话：（010）51915602
印　　　刷：唐山玺诚印务有限公司
经　　　销：新华书店
开　　　本：720mm×1000mm/16
印　　　张：10. 5
字　　　数：169 千字
版　　　次：2022 年 10 月第 1 版　　2022 年 10 月第 1 次印刷
书　　　号：ISBN 978 - 7 - 5096 - 8312 - 5
定　　　价：68. 00 元

前　言

　　金融是一个国家或地区经济发展的"血脉"，其本质是通过资本流动与信用活动实现资源优化配置，助推经济社会的效率提升与可持续发展，其中商业银行则是其核心要素，其核心能力水平决定了金融服务实体经济的质量。城市商业银行作为中国情境下具有历史特殊性的一类银行群体，在推动地方经济发展和服务中小企业方面具有独特的优势，亦是完善中国商业银行体系和促进区域经济协同发展的重要力量。因此，探究中国城市商业银行的效率问题具有重要的理论意义和现实意义。

　　本书通过运用理论分析与实证分析相结合、定性分析与定量分析相结合、微观分析与中观分析相结合的方法，基于数据包络分析（DEA）法和随机前沿分析（SAF）模型，以116家城市商业银行的调研数据为基础测度了其静态效率和动态效率，从而为政府相关部门进行监测与制定政策提供了重要参考。同时，本书也得到了以下一些创新性结论：

　　第一，金融系统特别是商业银行是推动经济增长的重要媒介。就中国而言，城市商业银行作为中国银行体系的特殊群体和重要组成部分，提升其发展质量会促进储蓄向投资有效转化，进而加速资本积累与产出增长，并最终实现经济社会发展的良性循环。

　　第二，从中国城市商业银行的微观效率来看，资金集聚效率普遍高于获利效率和综合效率，且前者呈上升态势，技术进步则是影响各城市商业银行综合效率的主要原因。同时，尽管当前城市商业银行正在积极改变经营模式，但其依旧对传统盈利模式有较大的依赖性。

第三，从省际视角考察城市商业银行的效率及其对区域经济增长的作用，从而发现各省份的技术效率和规模效率极差较大，这说明区域间城市商业银行发展存在较严重的失衡现象。但无论从单一方法测度的效率指标还是综合不同方法测度的平均效率指标来看，多数支持城市商业银行效率水平与区域经济增长正相关这一结论。

第四，为促进城市商业银行效率持续提升，应从优化治理结构、改善资产质量、加快技术和业务创新、提高资本充足率、加强风险防控、转变盈利模式六个方面着力深化城市商业银行内部的体制机制改革。

目　录

1 绪论

1.1 研究背景与研究意义

1.1.1 研究背景

随着经济全球化的发展，金融自由化的趋势也在逐渐演变，其中金融业在国民经济乃至世界经济中都有着重大影响。银行业是我国经济金融体系的重要环节。在我国经济新常态的背景下，我国融资结构仍然是以城市商业银行作为间接融资方式的重要支撑，我国城市商业银行在社会资源配置中发挥着重要作用。城市商业银行是金融业发展的市场基础，是我国央行的主要监管对象，因此城市商业银行的经营管理活动不但对银行自身发展产生着一定作用，也同时影响着我国新常态下经济的增长和金融的稳定。

中国城市商业银行是中国经济与金融发展的客观产物，其产生具有深刻的社会背景，是中国特色社会主义市场经济发展的客观需要，又是中国经济体制改革的必然结果。城市商业银行具有复杂的发展历史，它们产生于全国的 5300 多家城市信用社，在这些城市信用社的基础上成立了中国城市商业银行。城市信用社的蓬勃发展为中国经济的发展贡献了巨大力量，特别是为中小企业中的个体经济和集体经济的发展给予了巨大的资金支持。同时，个体经济和集体经济的发展也推动了城市信用社的快速发展，但是随着经济和金融的不断发展，城市信用社不断暴露出许多问题，于是国务院对这些城市信用社进行了改革，虽然城市信用社的数量没有明显变化，但是在资本金和抵抗风险的能力方面得到了显著的提高。

经过十几年的发展，中国城市商业银行发展迅速。截至 2017 年 12 月 31 日，中国总共有 147 家城市商业银行，其资产总额 28.24 万亿元，负债总额 26.4 万亿元，所有者权益 1.8 万亿元。近年来，城市商业银行在省域范围内进行了整合重组并施行了跨区经营以及引入战略投资者、在 A 股市场成功上市、资产规模不断壮大，已经成为继国有银行、股份制城市商业银行之后的第三大银行金融机构，为中小企业的发展提供了巨大的资金支持。但是随着中国的资本市场进一步放开，国外的大量外资银行也涌入了中国市场，银行业竞争不断加剧，城市商业银行面临巨大的挑战，因此作为新兴的金融力量，必须以提高自己的银行效率来提高自己的竞争力，从而在激烈的竞争中脱颖而出。

近年来，无论是理论研究还是实证研究都表明，城市商业银行的发展与效率对一国的经济增长具有重大促进作用。面对金融国际一体化的大趋势，提高城市商业银行的国际竞争力，才能实现可持续发展。效率是城市商业银行竞争力的集中体现，银行效率是反映金融机构资源配置能力的一个重要指标，它可以对银行的投入产出进行集中的综合评估，对城市商业银行效率的研究既能反映各个城市商业银行与最佳前沿的距离，同时也可以比较其与同行之间的效率差距，从而探求弥补损失的最佳途径。因此，提高城市商业银行的效率是防范金融风险、推动城市商业银行可持续发展的关键，城市商业银行想要提高自身竞争力，从而谋求稳健发展，就应该更多、更有效地将注意力集中在效率问题上，通过科学有效的分析和管理，使其效率不断得到提高。

经济新常态下，我国城市商业银行处在金融体制改革、利率市场化的复杂环境中。2014 年我国进入了全面深化改革的时期，为了保持国民经济平稳运行，我国进一步加大了创新力度，着力推进改革创新和经济转型发展，这给经济增长带来了不小的挑战。2013 年，我国金融监管部门为完善资本监管、改进金融服务降低风险，颁布了一系列新规定，这一举措规范了银行业的经营管理，同时便于监管部门实施监督管理，有利于银行业的自身健康发展，同时也对我国城市商业银行风险管理能力提出了更高的要求。在面临复杂多变的市场环境与日趋严格的外部监管双重经营压力下，城市商业银行能否实现稳健地、可持续地高效运转不禁令人担忧。

学术界对于银行效率的关注也随宏观环境的改变而不断深入。从现有的研究来看，大多数研究都是通过测算银行技术效率以及 X 效率等单项指标来反映银行整体效率水平的，其研究较为单一，缺乏对银行效率的全面考察。除此之外，相关学术研究对城市商业银行这一特殊银行组织的效率研究亦缺乏系统性和全面性。因此，为完善该领域研究成果，本书采用理论与实证相结合的方法，从更加全面的视角，深入分析我国城市商业银行的效率问题，以期能够对城市商业银行的效率提升提出具有建设性的政策建议。

1.1.2 研究意义

在复杂的宏观经济环境以及激烈的国际竞争环境中，促进城市商业银行这一中国银行业特殊群体效率的提升不仅有益于银行业的整体性改革，而且有益于促进区域经济的协调发展。因此，对我国城市商业银行的效率研究具有重要的理论意义和现实意义，具体表现在以下几个方面。

1.1.2.1 理论意义

完善现有关于城市商业银行的研究理论体系。对于城市商业银行的效率，如何能够做到有效、全面地进行测度，如何能够找出具有代表性的影响城市商业银行效率的因素和指标，被找出的影响因素与指标又是如何影响银行效率的，每个指标所产生的影响程度有多大，这些问题是作为城市商业银行研究理论体系不容忽视的重要组成结构。

形成具有鲜明时代特色的城市商业银行研究理论。为实现我国城市商业银行健康稳健地发展，已有学者进行过多个角度的研究。但是由于我国银行效率的研究起步较晚，没有紧跟时代发展趋势，并没有形成符合当下我国宏观经济形势的银行效率研究理论体系，且盲目照搬国外对于银行效率研究的相关理论与实践，所以此类研究并未收到有效的预期结果，对于我国城市商业银行的效率提升也并未产生很有效的促进作用。因此总结上述不足，接下来的研究将立足于我国当下基本国情与经济形势，进行具有鲜明时代意义的研究迫在眉睫。

本书拓宽了现有的研究思路。本书针对国内外部分具有代表性的关于银行业效率研究的文献进行了深入的归纳和整理，梳理出了有关城市商业银行效率研究的研究思路与方法。基于新时期我国城市商业银行业发展的大趋势和背景环境，以及面临的竞争格局，通过对城市商业银行效率有关研究的实际问题，以城市商业银行作为研究对象，采用 SFA 模型，对我国城市商业银行各种效率指标进行对比、测度以及评价，在一定程度上拓宽了现有银行效率研究文献的研究思路，进一步加强了城市商业银行效率研究方法的多样性。

1.1.2.2 现实意义

通过对各个城市商业银行效率进行深入研究及比较，能够使城市商业银行找到自身经营的缺陷与不足。研究商业银行效率不但能够在一定程度上反映城市商业银行在经营绩效以及盈利能力等方面的经营情况，还能够通过比对，测算出不同城市商业银行之间的效率差，并通过探求适合自身效率提升的途径，精准地配置不同银行之间的资源，从而实现银行内部的自我完善。

对我国城市商业银行效率的研究，有助于银行相关的监管单位制定相应的监管政策。众所周知，效率的实际情况是银行监管当局制定监督管理政策的根本及依据。当前，国有银行、地方性城市商业银行以及股份制银行的发展非常不均衡，同时在市场份额占有率以及资产规模方面的差距十分显著，而且外资银行的大量涌入，使金融市场的竞争更加复杂和激烈。基于此种情况，对银行的效率进行深入研究可为我国银行业的监管单位提供更为有效且准确的效率评价，从而为我国银行业监管部门提供更有价值的参考资料，有助于银行监管部门制定相应监管政策。城市商业银行的效率评价不但可以反映银行资源的合理配置优化程度，也能体现银行在节约成本、产出、投入以及规模效应等方面的效果。通过对我国银行效率的研究，国家监管单位可以更加清晰地掌握银行对资源的有效利用情况以及各银行间的效率差距，最终制定有效的金融监管政策，进一步促进资源在我国各城市商业银行间的合理配置。此外，银行效率的研究有助于监管部门全面地实时监控银行经营风险，及时防范可能出现的各种金融风险，同时也可以为金融监管部门调整监管政策提供必要的信息，确保宏观调控政策得以顺利实现。

对于城市商业银行效率的研究，有利于提高其自身的竞争力从而稳定金融市场。我国金融体系以银行为主导，同时融资渠道主要以银行间接融资为主要方式，银行在我国整个金融行业中占有举足轻重的地位。城市商业银行不仅是我国金融行业的主体，同时也是我国经济民生的命脉所在。所以根据对银行效率的测度结果，可以有针对性地指导我国银行采用有效的措施加强市场竞争力，可以促进银行配置资源，最终使我国金融业保持稳定和发展。学者强调城市商业银行效率提升的意义远远超过城市商业银行本身，银行业的稳定及发展归根结底在于银行效率。低效率的银行势必会阻碍社会储蓄转变为投资的效率，进而导致经济增长的潜力无法得到充分发挥，并且会减弱资金在社会范围内配置的速度。因此，通过对我国城市商业银行效率的研究，可以促进银行自身经营管理策略，实现银行资源优化配置，进而提升银行的市场竞争力，确保加强我国城市商业银行应对外来冲击的能力，切实保障我国金融体系的稳定及发展。

新常态下，对于城市商业银行效率的研究，也为其在经济转型时期的发展与改革提出了新的具有代表性的意见与建议。随着我国经济增长速度由中高速转为中速，我国城市商业银行业的资产与利润增长率相对出现下滑。各种研究数据表明，以往银行业通过借助经济增长的大趋势，从而保证利润高速增长的形势大势已去，稳定增长、平稳发展将会成为今后我国城市商业银行业发展的新趋势，从城市商业银行的核心业务入手，研究我国城市商业银行的经营效率，有助于深入分析我国城市商业银行业的新常态特征，以便于更加积极地应对新常态下我国城市商业银行业即将要面临的挑战，进而为我国城市商业银行业在新常态经济环境下的转型与发展，注入强有力的内生动力。

1.2　相关概念界定

1.2.1　城市商业银行的含义

1.2.1.1　商业银行及其分类

商业银行[①]是以追求最大利润为目标，以多种金融负债筹集资金（主要包括吸收存款、同业负债、债券发行等），以多种金融资产作为其经营对象（主要包

---

① 欧阳红兵. 商业银行经营管理［M］. 上海：上海财经大学出版社，2013.

括发放贷款、准备金、债券投资、同业及非标资产），具有天然的资金池，能利用负债进行信用创造，并向客户提供多功能、综合性服务的金融企业。本书中提到的"中国商业银行"指的是在我国境内设立的商业银行，主要包括大型商业银行、股份制商业银行、城市商业银行、民营银行、农村的商业银行和外资银行等。

按照本书的研究方向，将中国商业银行根据经营范围划分为全国性商业银行和区域性商业银行。对于全国性商业银行，根据其规模大小又可分为 5 家大型国有控股商业银行（中、农、工、建、交）和 12 家全国性股份制商业银行（中信、华夏、招商、深发、民生、渤海、浦发、光大、广发、兴业、恒丰、浙商）；区域商业银行主要包括城市商业银行（包括北京银行、江苏银行、南京银行等在内的 133 家城市商业银行）和农村的商业银行（包括 1114 家农村商业银行、40 家农村合作银行、1125 家农村信用社、1443 家村镇银行）[①]。

1.2.1.2　城市商业银行及其分类

城市商业银行作为继大型国有商业银行和股份制商业银行后的"第三梯队"，是我国银行体系的重要组成部分。城市商业银行是指那些主要业务在某一个地区，以依托于地方经济、立足于中小企业和城乡居民为战略定位，重点为地方中小企业和城乡居民提供金融信贷服务和金融性服务的银行，它是在合并已经商业化经营的城市信用合作社基础上，由总部所在地城市的企事业单位、居民和地方财政投资入股组成的按照自主经营、自负盈亏、自担风险、自我约束的原则进行经营，具有一级法人、统一核算体制的地方性股份制中小商业银行。按照经营区域的范围，本书把城市商业银行分为跨区域型城市商业银行、省域型城市商业银行以及市域型城市商业银行。

1.2.1.3　城市商业银行的特点

从定义出发，可以进一步说明城市商业银行与其他银行相比所具有的特点和联系，具体如下：

第一，表现在总部的位置上。即城市商业银行的业务重心一般位于其总部所在地，很少出现异地设总部的情况，也很少出现大范围设置分支机构的情况。因

---

① 资料来源：中国银监会网站，截至 2016 年底。

此,判断一家银行是否属于城市商业银行,其标准之一就是地理上的业务范围是否集中在总部所在地区。而所谓业务范围的地区性,其具体表现就是资金来源主要集中在总部所在地,资金运用也主要集中在总部所在地。客户及其他服务对象主要是总部所在地居民以及在当地注册和经营的工商企业和事业单位。而从银行的分支机构来看,其在当地设有的分支行数量也超过在其他地区所设的数量。反映在业务量指标上也是当地发展的数量占绝大多数。

第二,城市商业银行的业务发展几乎与当地经济发展呈现完全同向性的变化,两者密不可分、相互影响。将业务集中在当地的策略直接导致了银行的效益对当地经济发展的依赖。银行的主要核心职能是信用中介服务功能,因此,当地经济的发达程度直接影响了银行客户来源的多寡和客户质量的好坏,而客户则是银行业务开展的根本性依托。我们现在看到的许多银行业务重点向其他地区转移的情况,正是由于地区经济发展差异所驱使的,在城市商业银行发展的过程中有很多这样的例子。在这样的转移过程中,许多城市商业银行性质逐渐发生改变。

第三,城市商业银行的企业文化也受到其地方性性质的深刻影响。由于业务重心长期集中在同一地域内,并且考虑到服务业与客户接触的频繁程度,银行与当地居民、企事业单位之间的关系必然会变得密切,为了进一步促进自己的业务发展,城市商业银行也会按照当地居民和企业的习惯调整自己的经营方式和业务类型,潜移默化中就形成了与别的商业银行不同的、更为本土化的企业文化。从而在企业文化、办事风格和方法方面表现出鲜明的当地文化特征,以此可以与那些以全球发展为战略的跨国银行形成鲜明的对照。

第四,城市商业银行的地方性决定了其规模一般较小。作为以当地客户为服务重点的金融机构,城市商业银行不具有在更广的区域或者全国范围内广泛设立分支机构的条件,同时也没有扩大业务范围的必要。目前出现的城市商业银行在其他地区或者主要国际城市开设分支机构的情况,大多并不是为了扩展业务范围和经营区域,而是为了满足重点业务区域客户的业务需求,同时也可以达到宣传自己的作用。尤其是为当地客户净出口业务或对外投资、资金融通提供有效的网络。城市商业银行的业务定位和性质决定了其资金来源的先天不足,由此导致了其规模上的缺陷。

第五，许多城市商业银行从成立之初就具有重点面向中小企业的特性。这种特性不仅是因为中小企业在数量上的优势，同时也与城市商业银行的先天限制有关。一般而言大企业的活动一般会跨越地域甚至国界的限制，并且资金的流通数量会非常巨大。而城市商业银行不仅在资金数量上难以满足大型企业的需要，同时在分支机构的布局、业务的多样性、规模化效应和专业化程度上也存在许多不足。

第六，股权结构不合理，公司治理不完善，内部控制和风险管理薄弱。城市信用社组建城市商业银行时，在股权结构上做了相应规定：地方政府持股不超过30%，单个法人持股不高于总股本的10%，单个自然人持股不超过2%。从而造成了地方政府对城市商业银行的参与过度，其突出的国有股份的股权结构，在授信投放方面也侧重于国有企业，国企改制转型过程中产生了较多的不良资产，对城市商业银行资产质量和经营效益有较大影响。同时，也影响公司治理结构。

第七，从整体上来说，城市商业银行由于其特殊的发展历程，两极分化严重，并呈现明显的地区性差异。资产规模相差甚远，资产质量良莠不齐，经营绩效参差不齐。各地城市商业银行是在对不同数量的城市信用社进行重组整合的基础上形成的，多的可以达到近百家，少的仅几家，加之各地经济、金融总量和发展水平各不相同，特别是近年来一些东部地区中心城市经济迅速崛起，而中西部地区城市发展相对缓慢，城市商业银行群体内部的两极分化现象日益严重。

1.2.2 城市商业银行效率的含义

1.2.2.1 效率

理解效率的含义是研究城市商业银行效率的关键。效率是现代社会关注的焦点，各行各业都在尝试通过各种途径提高自身的效率。效率一直以来也是经济学领域研究的核心问题，由于人们能够从生产、消费、分配、交换、市场、组织、技术等不同的角度去解读它，所以学界至今未能对效率形成普遍认可的严谨定义。

马克思以劳动生产率作为生产效率的衡量指标，他认为"效率是投入和产出的数量关系，真正的财富在于用尽量少的价值创造出尽量多的使用价值，换句话说，就是在尽量少的劳动时间里创造出尽量丰富的物质财富"。萨缪尔森（1992）认为，"效率意味着不存在浪费或者尽可能地有效运用经济资源以满足人们的需要，即当经济在不减少一种物品生产的情况下，就不能增加另一种物品的生产时，它的运行便是有效率的。这时经济处于生产可能性边界之上"。① 我国经济学家樊纲从资源利用的角度定义效率，他提出效率是社会利用现有的资源进行生产经营所能够提供的效用满足程度。②

作为考察经济单位经营业绩的重要指标，效率在经济学理论中是指成本与收益或者投入与产出之间的比例关系。因为效率的高低可以清楚地反映某个经济单位的资源配置情况及其整个经营管理水平，故而效率分析是一种评价经济单位资源配置和经营管理水平的有效方法。

效率可以分为微观效率和宏观效率。从微观上用效率评价某个经济机构的运行状况时，指的是当投入的生产资源一定时，某个经济机构能否得到最大的产出，或者当产出一定时，其能否实现最小的生产资源投入。而在宏观上用效率评价一个经济体的运行状况时，是指了能在最大限度地满足社会的各种需求，各种稀缺资源能否在不同的生产个体间得到合理有效的配置。

1.2.2.2 效益、效率与绩效

效益、效率与绩效都是反映和评价某项经济活动的指标，它们之间既有区别也有联系。

总体来讲，绩效是效益和效率的综合，效益和效率是绩效研究的基础。效益考察的是某项经济活动中绝对的数量关系，如果产出大于投入，则说明这项经济活动是有效益的。而效率强调的是某项经济活动的质量，它反映了投入与产出之间的相对关系。因此，效率的内涵要比效益的范围更广，它是一个反映某个经济机构的盈利能力、竞争水平和可持续发展能力的相对指标，是对某项经济活动更加客观、更加全面的评价。绩效反映的是某项经济活动的业绩和效果，它既包括某经济机构在某项经济活动中所取得业绩的绝对数量，也包括其在这一经济事件

---

① ［美］萨缪尔森．诺德豪斯．经济学［M］．萧琛译．北京：中国发展出版社，1992.
② 樊纲．公有制宏观经济理论大纲［M］．北京：上海人民出版社，1995.

中投入与产出之间的比例关系。

1.2.2.3 商业银行效率

商业银行效率理论属于经济效率理论的组成部分之一，与一般经济效率理论相比，既有相似之处，也有差异之分。首先，商业银行是企业，获得最大利润是商业银行产生和经营的基本前提，也是商业银行发展的内在动力，所以一般经济效率理论的分析方法同样适用于商业银行效率的分析；其次，商业银行作为经营货币资金，提供金融服务的特殊的金融企业，它的经营规律有别于一般企业，因此商业银行效率理论有其独特的内容。

当前，学术界对"商业银行效率"的概念还没有严格的界定。在西方管理理论中，商业银行效率是指"商业银行在有效地保证其营利性、安全性和流动性的基础上，能够合理配置商业银行资源，并能最大限度地推动社会经济资源的流动，是银行投入产出能力、竞争能力和可持续发展能力的集中体现"。

参照效率的含义，商业银行效率也可以分别从微观和宏观这两个不同的视角进行解释。从微观层面上来讲，商业银行效率是指商业银行资源配置的优化合理程度，即其自身的投入与产出之间的对比关系。它的实现需要通过提高技术水平和加强内部管理。从宏观层面上来讲，商业银行效率是指商业银行对整个国民经济增长的贡献率，也就是商业银行全部生产要素的投入与国民经济增长总量之间的相对关系。它的实现则需要通过整个金融环境的生产要素流动。

需要指出的是，本书中所使用的是"商业银行效率"而非"银行效率"一词，目的是区分商业银行效率与政策性银行的效率。这样区分的原因在于政策性银行是由国家政府创立，以贯彻政府的经济政策为目标，在特定领域开展金融业务的不以营利为目的的专业性金融机构，其经营主要考虑的是国家整体利益以及社会总体福利。因此，政策性银行的效率比商业银行效率更具有宏观意义。

1.2.2.4 商业银行效率的分类

目前，经济学家们对商业银行效率的分类还没有形成一致的观点。通过对国内外文献的梳理，本书借鉴了 Fare、Grosskopf 和 Lovell（1994）的研究成果[①]，将商业银行效率分为技术效率（Technical Efficiency，TE）、纯技术效率（Pure Technical Efficiency，PTE）和规模效率（Sale – Efficiency，SE）。

（1）技术效率（TE）。技术效率又被称为 X 效率，是指在相同的收益下商业银行理想的最小可能性投入成本与实际投入成本的比率，或是在相同的投入成本下商业银行的实际收益与理想的最大可能性收益的比率。技术效率体现了商业银行控制成本和追逐利润的能力，即商业银行作为生产单元，在产出一定时降低投入成本的能力以及在投入一定时提高产出的能力。在定量计算中，若以成本作为生产函数的因变量，得到的技术效率也被称为成本效率；若以利润作为生产函数的因变量，得到的技术效率也被称为利润效率。

（2）纯技术效率（PTE）。纯技术效率是指在规模既定的前提下，由于商业银行内部经营管理等方面的纯技术因素影响的投入与产出的关系。纯技术效率体现了商业银行在一定的经营规模下，成本与收益的比例关系，它的高低也直接反映了商业银行技术进步状况和创新能力水平。

（3）规模效率（SE）。规模效率是指商业银行规模收益与投入成本之间的对比关系，即商业银行的规模收益是否会随着其投入支出的增加而同比例地增加。通过商业银行规模收益增量与成本支出增量的比例关系可以对规模效率进行衡量：当比值大于 1 时，则认为商业银行是存在规模效率的；当比值小于 1 时，则说明商业银行无规模效率；当比值等于 1 时，则认为此时商业银行处于规模收益不变的最佳状态。

1.2.2.5 城市商业银行效率

因为中国城市商业银行属于中国商业银行体系，所以研究城市商业银行效率本质上就是在研究商业银行效率。本书所讨论的省域城市商业银行效率是基于商业银行效率的微观视角，即投入产出比例，也就是各省域范围的城市商业银行对资源配置的合理性和有效性，然后从宏观上考察各省域城市商业银行的总体效率与省域经济增长之间的关系。

---

① Rolf Fare，Shawna Grosskopf，C. A. Knox Lovell. Production Frontiers［M］. Cambridge：Cambridge University Press，1994.

1.3 文献综述

1.3.1 国外文献综述

1.3.1.1 国外关于商业银行效率的研究

国外对商业银行效率的研究始于 20 世纪 50 年代，开始集中于规模效率、范围效率和 X 效率方面。进入 20 世纪 90 年代后更注重进行银行前沿效率的研究。

Alhadeff（1954）首先研究了银行效率的变化与其规模大小的关系，他收集了加州 210 家银行的数据作为样本，得出结论认为银行的产出与规模成正比，规模的扩大直接提高了银行的效率[①]。Beston（1965）等运用科布 - 道格拉斯成本函数，对银行的规模与成本之间的关系进行研究，发现当其他条件不变时，银行规模与其平均成本成反比。Benston、Hanweck 和 Humphrey（1982）从单一制和分行制银行的效率出发，通过建立函数得出的结论是：规模效率和银行本身的资产总额呈同向变动，即银行的效率随着其规模的扩大而增加。

Lang 和 Welzel（1996）把目光放在了德国的合作银行和小型银行，分析结果认为存在范围经济和规模经济。Teng（1999）对加利福尼亚银行业进行研究时运用了二次成本函数，结果表明存贷款这两项业务存在范围经济。Paola（2002）从银行业中的并购作为出发点，得出结论认为银行业最近 20 年来大规模的并购并没有带来范围效率和规模效率。Berger 和 Humphrey（1991）进行了实证研究后发现，银行业并不存在明显的范围效率，同时认为银行的管理水平和利润率得不到显著的有效提升的原因正是因为其规模过大。Grabowski 等（1994）的研究指出美国银行在 20 世纪八九十年代，银行规模的大小对于银行的效率来说并没有太大的影响，并且整体都体现为技术低效的状态。

---

① Alhadeff. Monopoly and Competition in commercial banking［D］. Berkeley：University of California Press，1954.

随着实践与科研的不断深入，学者们发现，规模效率、配置效率以及范围效率不足以完全解释银行的效率问题，因此有学者提出了 X 效率，试图用以解决商业银行转换资源的能力。Leibenstein（1966）认为当产出一定时，X 效率是指实际成本与成本效率边界的偏离程度，是配置效率和范围效率所不能解释的部分，如技术效率等。X 效率的改善能大幅节省成本约 20%。而规模不经济和范围不经济所导致的低效率占总成本比重较少，仅为 5%。可见 X 效率在商业银行效率中的关键性。

20 世纪 90 年代，学者们不断完善研究方法，开始进行银行前沿效率的研究，这主要包括参数方法和非参数方法。Sherman 和 Gold（1985）首先利用 DEA 方法进行银行效率的研究[①]。此后，DEA 方法得到普遍的应用。Seiford（1992）利用 DEA 方法对现存银行和破产银行进行研究，结果证明现存银行的效率值高于破产银行，且破产银行的效率是逐步下降的[②]。Yue（1992）在对美国 60 家商业银行的效率进行分析后认为，银行的低效率源于内控体制机制不健全和产出水平的低下，他运用的同样是 DEA 方法。Berger 等（1993）运用 DEA 方法在对三个不同国家的银行业进行实证研究后发现瑞典商业银行效率在三者之中最高，银行效率与所处国家的经济发展水平确实有很大关系，且都是正相关。De Young 和 Hasan（1998）运用 DEA 方法分析了美国银行业从 1984 年开始的十年之中效率变化和技术进步的情况，最终认为资产总额、资本充足率、市场结构、股权结构、存贷比率指标影响美国银行的效率。Wilson 和 Wheelock（1999）同样运用 DEA 方法探究银行的效率变化情况，并且用 Malmquist 模型来探究影响银行效率波动的因素，结论是商业银行技术效率值在样本期间逐渐下降，但仍然存有提高的空间，商业银行仍然存在着规模经济，处于规模报酬递增的阶段[③]。Pasiouras（2008）在保留传统变量的同时，运用 DEA 方法把投入指标设置为贷款损失准备金，最终得出结论认为贷款损失准备金的引入会提升银行的效率值，他还指出提

① H. David Sherman, F. Gold. Bank branch operating efficiency: Evaluation with data envelopment analysis [J]. Journal of Banking & Finance, 1985, 9 (2): 297 – 315.

② Seiford. Prioritization models for frontier decision making units in DEA [J]. European Journal of Operational Research, 1992, 59 (2): 319 – 323.

③ Wilson, Wheelock. Technical progress, inefficiency, and productivity change in U. S. Banking, 1984 – 1993 [J]. Journal of Money Credit & Banking, 1999, 31 (2): 212 – 234.

高银行效率的方法有：扩大银行规模、提高人员素质、增加市场份额、提高吸收放贷能力。

在国外使用非参数分析方法研究最多的是技术效率和配置效率，Aly 等（1990）采用无界分析方法分析了美国 300 多个大型银行的规模效率以及技术效率，分析结果显示银行的资产规模与经营效率呈正相关，而且所选取的样本银行的技术效率都偏高，结论显示相对于大城市的银行，位于其他不同地区的银行更难达到较高的技术效率[①]。Berger（1995）运用无界分析方法分析指出美国国内银行基本都用现代化的信息管理系统及设备替代了原来复杂的操作流程，这些高科技促使银行的技术效率得到很大的提高，最明显的就是网上银行与大量 ATM 机覆盖。Miller 和 Noulas（1996）认为美国中小城市的商业银行相比大城市来说技术效率偏低，而且东北部的银行在技术效率方面相对于其他地区的银行更高，这与之前的研究结果相一致。

Berger 等（1997）以美国银行为样本，采用随机前沿分析方法进行了效率评估，研究发现美国银行呈现出利润效率比成本效率高的现象，而且利润效率中的两种也有所不同，表现为标准利润效率明显比替代利润率高。Isik 和 Hassan（2002）采用随机前沿分析法对土耳其商业银行的效率进行了测度，研究结论强调此国银行的成本效率比利润效率高得多，并且一再强调银行的成本效率比利润效率低很多，此外他们还认为较高的成本效率与利润效率之间并不存在显著的相关性。Maudos 和 Pastor（2003）也采用随机前沿分析方法测度分析了 1985～1996 年西班牙商业银行效率，实证发现西班牙商业银行的标准利润效率要比替代利润率高，同时他们也发现利润效率比成本效率低很多，其结论跟此前 Berger 等的结论完全相反。Kwan（2006）运用 SFA 方法评估分析了中国香港银行的成本效率，研究发现，银行规模与其效率之间存在相关性，而且影响是正向的，究其原因，可以归咎于不完善的投资形态。Thi 和 Vencappa（2007）采用随机前沿分析方法对波兰、匈牙利和捷克等处于转型期国家的银行进行了度量，研究结果表明外资银行为国内银行注入了新鲜的活力，有助于

---

① Aly Y, Grabowski R, Pasurka C. Technical, scale and allocative efficiencies in U. S. banking: An empirical investigation [J]. The Review of Economics and Statistics, 1990, 72（2）: 211 –218.

国内银行效率水平的提高，并且指出处于转型时期的银行成本效率明显比外资银行低。Ansari（2007）采取 SFA 方法实证分析了正在进行转型的巴基斯坦的银行效率，分析指出各个银行之间成本效率存在明显差异的原因是技术水平不一以及不良贷款的大小不同。Berger、Hasan 和 Zhou（2009）选取 1994～2003 年我国商业银行的数据样本，运用 SFA 方法估测了我国商业银行的成本效率和替代利润效率，结果显示，我国四大国有商业银行的效率远不及外资银行。Restrepo 等（2013）运用随机前沿分析方法研究了美国 2001～2010 年商业银行的利润效率和成本效率，研究结果表明利润效率明显低于成本效率，收入低效率是影响盈利能力的一大重要因素[①]。

Altunbas、Goddard 和 Molyneux（1999）采用随机前沿法对欧洲的商业银行进行了实证分析，并且对其成本效率和技术效率进行了测度，发现在自 2000 年开始的十年间，欧洲商业银行技术变革对其成本节约发挥了巨大的作用，且这种促进作用对规模较大的商业银行而言更大。Lensink、Meesters 和 Naaborg（2008）对拥有境外投资者的商业银行与东道国国家机构及体制差异进行了分析，分析采用了 105 个国家的 2095 个商业银行为样本，研究发现商业银行效率与境外投资存在一种较为显著的负相关关系，最终应该从体制等方面进行改善与提升。Liadaki 等（2010）以欧盟国家的 171 家商业银行在 2002～2006 年的面板数据为样本，通过随机前沿分析法对商业银行效率与其上市股票表现进行了实证分析，发现商业银行的利润效率对其股票价格有积极和重要的作用，但是发现股票收益率与商业银行成本效率之间不存在明显的关系。Walid 和 Belkacem（2012）用随机前沿分析法研究科威特商业银行自 1994 年开始 15 年间的技术效率和配置效率，发现科威特银行业的整体效率高达 80%，并且银行效率与银行规模和员工人数成正比。

1.3.1.2 国外关于商业银行效率影响因素的研究

Berger 和 Mester（1997）主要考察了银行规模、市场集中度、组织形式、资本化程度对银行效率的影响。Maudos（1998）从规模、专业化、银行特征和市场

---

① Restrepo. Profit efficiency of U. S. commercial banks: A decomposition [J]. Journal of Banking and Finance, 2013, 20 (7): 205–217.

特点四个方面研究了影响欧洲银行业效率的因素[①]。Girardone 等（2004）以意大利银行为研究对象，通过对其效率进行实证分析发现资本实力和不良贷款对银行效率的影响作用最为明显，规模与银行效率的相关性不明显。Berger 等（1993）研究探讨了美国银行的相关效率，结果表明资产规模大的效率较高，而资产规模小的效率较低，这两者之间存在着显著的正相关关系。与 Berger 的研究结论刚好相反，Kaparakis 等（1994）研究发现银行资产规模大但效率低、规模小而效率却比较高的现象。

Diamond（2011）指出银行带有与生俱来的弊端，特别容易出现扎堆提现现象，进而导致多米诺骨牌效应的发生，而国有控股银行则可以有效防止这一灾难。还有一种观点则认为银行产权结构与其效率并没有显著关系[②]。Fama（2011）研究指出当互助合作银行的经营无效率时，协作者之间完全没必要通过在二级市场上抛售股票的方法来威胁经理人，只需要抽回本金就可以对经理人进行及时有效的制约。Mester（1996）使用随机前沿分析法，从产出质量和风险角度来分析美国商业银行经营效率，发现在产出水平和产品组合方面，商业银行具备成本效率优势，但其要素投入使用效率不高，有待进一步提升和改善。Anderson 和 Fraser（2000）通过股权管理的角度对商业银行风险进行了研究，发现经理持股、相对较少的监管对商业银行经营效率存在着显著的正相关关系。但是随着加强监管的立法通过，使商业银行特许权价值上升，管理层总持股与商业银行风险出现了负相关关系。SaiYing Esther Deng 和 Elyas Elyasiani（2008）以公司总部和分支机构之间的距离作为出发点，评估了地理多样化和银行控股公司的价值和风险之间的关联。用距离调整过的存款分散指数作为衡量地理多样化的指标，该指标通过银行控股公司经营网点的个数、每个网点的业务水平以及各网点与总部之间的距离计算得出。研究发现，地理多样化有利于银行控股公司的价值提升和风险降低，但是分支机构与其总部之间的距离越大，公司的价值就越低、风险越大，跨越较偏远地区的地理多样性能够带来较大的价值提升，但是仅有较小的

---

① Maudos，Joaquin. Market structure and performance in Spanish banking using a direct measure of efficiency ［J］. Applied Financial Economics，1998，8（2）：191–200.

② Diamond，Rajan. Liquid banks，financial stability，and interest rate policy ［R］. National Bureau of E-conomic Research，2011（120）：552–591.

风险降低①。

1.3.2 国内文献综述

1.3.2.1 国内关于商业银行效率的研究

相对于国外对商业银行效率的研究，国内研究起步较晚，即便是已经取得了很多的成绩，但是还有很大的不足之处。国内对于商业银行效率的测评最开始主要通过财务分析方法进行，慢慢地发展为主要采取前沿分析方法。参数方法和非参数方法是两种类型的前沿分析方法，参数方法主要指的是随机前沿方法，而非参数方法主要指数据包络分析方法。

（1）基于财务分析方法的效率研究。闫珑（2005）对国内商业银行和外资银行进行了经营效率的比较，他主要是从营利性比率、成本费用比率和资产配置比率三方面进行。作者运用各个商业银行的税前利润进行比较，并且选取了九个财务指标，最终认为国内商业银行尤其是国有银行在成本控制、资产配置能力以及人力资源等方面皆不如外资银行。高连和（2005）收集了我国四大国有商业银行1995～2000年的税前利润、营业费用、固定资产值等财务数据，之后从产权制度与银行效率的关系角度出发进行研究，结果表明商业银行的产权越明晰，效率水平也就会越高②。

赵旭和周军民（2001）、谭中明（2002）、潘正彦（2004）分别运用单财务指标法对商业银行效率进行了分析，最后得出结论基本一致地认为国有银行效率比股份制银行效率要低，并且它们的效率都不如外资银行。黄勇（2008）认为四大国有商业银行（除建行）的综合排名较为靠后，而民生、浦发、兴业等股份制商业银行排名最为靠前，他选取了四大国有银行和一些股份制银行的资产利润率、存款费用率均值、人均创利均值和人均费用率均值等九个财务指标，之后使用因子分析和经营绩效评价指标体系相结合进行处理，最终得出上述结论。

财务分析法对银行效率的研究有比较重要的意义，但是同时也具有很大的局限性，比如财务指标的选取具有一定的随意性，没有固定的模式，指标评价的结

---

① SaiYing Esther Deng, Elyas Elyasiani. Geographic diversification, bank holding company value, and risk [J]. Journal of Money, Credit and Banking, 2008 (6): 1217–1238.

② 高连和. 基于产权制度的国有商业银行效率研究 [J]. 理论探讨, 2005 (1): 55–57.

果也无法顾及银行长期效率和综合效率等。

（2）基于参数法的效率研究。张超、顾锋和邸强（2005）运用 SFA 方法对国内 13 家商业银行的成本效率进行了实证研究，结果表明，股份制商业银行和国有商业银行在成本的浪费方面分别达到 17% 和 21%，这反映出在成本控制方面，股份制商业银行做得比国有商业银行要好，同时它们在效率提升方面都存在巨大的潜力。刘琛和宋蔚兰（2004）在这方面也做出了跟进的研究，他们也选用 SFA 分析法，实证分析了国内 14 家商业银行的效率，最终认为我国国有商业银行的效率相对于股份制商业银行较低，存在明显的梯度性，但是差距正在逐步缩小。姚福锋（2013）认为农村商业银行的平均效率值是逐年下降的，他得出这一结论是在 SFA 方法的基础上运用面板数据模型对我国 41 家农村商业银行的效率进行研究的结果[①]。白雪梅和臧微（2013）运用 SFA 方法研究了 2005～2011 年国内 13 家商业银行的成本效率，认为存款与贷款的比例和资本充足率对于银行成本效率的提高有巨大作用，银行成本效率与不良贷款率则是负相关的，而前者的作用是明显高于后者的[②]。

何蛟、傅强和潘璐（2010）从股权结构改革与商业银行效率的关系这一角度出发进行研究，采用 SFA 方法进行实证分析，最终认为国有银行利润效率最低，外资银行利润效率最高，而除此之外，商业银行发展中战略投资者的引入促进了银行成本及利润效率的提高[③]。也有极少数学者对这一结论持否定态度，张红军和叶菲（2008）对于 14 家商业银行在 1996～2006 年的利润效率进行测度，运用的也是 SFA 方法，之后对于整体的变化趋势进行分析，最终得出影响商业银行利润效率的因素，而结果与前面的并不一致，其认为外资银行在金融改革后进驻我国对国内商业银行的利润效率的冲击并不显著，商业银行内部的产权结构不同对利润效率的影响也不显著。侯晓辉等（2011）从银行的所有权结构和策略筹资因素两方面去分析银行效率，他采用 SFA 分析法同时综合估计国有商业银行的配置效率和技术无效率，最终得出结论，策略筹资对于提升银行的配置效率具有重要

① 姚福锋. 农村商业银行效率评估分析 [J]. 现代商业，2013（12）：46－47.
② 白雪梅，臧微. 信用风险对中国商业银行成本效率的影响 [J]. 财经问题研究，2013（2）：54－59.
③ 何蛟，傅强，潘璐. 股权结构改革对我国商业银行效率的影响 [J]. 财经科学，2010（268）：39－46.

意义，因为其可以在日益增加的行业竞争压力下降低现有的产权体制所带来的负面影响①。

（3）基于非参数法的效率研究。张建华和王鹏（2010）从规模效率角度出发对我国商业银行进行研究，他选取了2000～2008年商业银行的数据，并运用DEA分析法测度了其效率值，最终认为我国国有银行当时并不存在显著的规模经济效率，而股份制商业银行具有规模效率。赵家敏和冼丽文（2010）利用我国14家商业银行从2004年开始的三年内的数据作为研究对象，通过DEA分析法对其效率进行实证分析，结果相对乐观地发现在这一时期内，我国商业银行整体上还是具有较为显著的效率的。刘威和马胜伟（2014）在对我国几个主要的商业银行效率进行测度研究后得出的结论与此类似，认为在2006年之后国内商业银行的效率保持了良好的提升态势，他同时认为通过股份制改造能够很好地提升我国商业银行的效率②。

赵旭和凌亢（2000）选取1993～1998年四大国有商业银行的数据作为样本，运用DEA方法对我国商业银行的技术效率、纯技术效率和规模效率进行了实证研究。最终结论表明，四大商业银行的技术效率、规模效率均呈波动上升的趋势。而且，相比四大国有商业银行，大中型股份制商业银行的效率要更高。但是，具体到每一家商业银行的效率值则存在一定的差异。同时银行盈利能力的下降与非利息支出的上升有关。朱南、卓贤和董屹（2004）分别构建了以存款总额和员工人数为投入指标，以税费、贷款与贷款呆账准备金之差的"净贷款"为产出指标，采用DEA方法测度我国商业银行的生产效率，除此之外，他还建立"超效率模型"，进一步对效率值满分的银行效率水平进行辨别。谢朝华和段军山（2005）运用DEA方法对我国商业银行的X效率进行了研究，并最终得出结论认为国有商业银行在技术效率和纯技术效率上有一定的优势，但由于配置效率不高，成本效率并没有优势③。周四军、胡瑞和王欣（2012）改进一般DEA方

---

① 侯晓辉，李婉丽，王青. 所有权、市场势力与中国商业银行的全要素生产率［J］. 世界经济，2011（2）：135－157.

② 刘威，马胜伟. 基于DEA的商业银行效率分析［J］. 经济研究导刊，2014（3）：48－49.

③ 谢朝华，段军山. 基于DEA方法的我国商业银行X效率研究［J］. 中国管理科学，2005（8）：120－128.

法对均处于效率前沿面的银行无法有效排序的不足，建立超效率 DEA 三阶段模型，发现环境和随机误差因素对商业银行效率具有显著影响。郭威（2013）亦运用 DEA 方法重点评估了我国商业银行的成本和利润效率，从实证的结果可以看出，国有控股银行和股份制银行的替代利润效率值都远小于标准利润效率值，而我国股份制商业银行的成本和利润效率均比国有商业银行增长得快。芦锋等（2012）对我国 2000～2010 年 14 家商业银行的技术效率和纯技术效率进行了分析研究，发现虽然四大国有控股银行的技术效率被股份制商业银行远远地甩在后边，但是后者的纯技术效率却远不及前者①。

另外，国内还有一部分学者不单纯运用某一种方法而是综合运用两种或者两种以上分析方法进行效率的评估。例如高奎峰（2011）采用随机边界函数分析法以及数据包络分析法对中资银行 2006～2009 年进行的 13 例国外并购案进行研究分析，并且实证测度了这几年来中资银行的利润变动和 X 低效率的影响因素。结果发现，其经营效率的走势呈现为先升后降，虽然海外并购可以提升银行效率，但其却并不明显。邓美萍（2012）采用 DEA 和 SFA 分析方法综合评估了我国 24 家城市商业银行的种种效率及其之间的联系，结果发现我国城市商业银行之所以会出现大范围的低效要归咎于纯技术效率和规模效率的无效率②。

1.3.2.2 国内关于城市商业银行的效率研究

国内城市商业银行仅经历了二十多年的发展历史，城市商业银行在股权构成、经营模式等方面与国有商业银行不太一样，但是研究方法是类似的，研究重点也基本是规模效率、范围效率与前沿效率这几个方面。下面就从这些角度对国内研究成果进行梳理。

宁熙和蒋科瑛（2004）针对杭州市商业银行的经营绩效进行了研究，制定了城市商业银行的评价标准与评价原则，最终提出了相应的对策建议。陈权宝和张同涛（2008）将视角放在了北京，对 2003～2005 年北京银行的数据进行收集，通过主成分分析法研究其盈利状况，从整体上提出了改善城市商业银行绩效的建议。高丽峰和朱洪贵（2008）扩大了样本范围，收集了 52 家国内城市商业银行

---

① 芦锋，刘维奇，史金凤. 我国商业银行效率研究——基于储蓄新视角下的网络 DEA 方法 [J]. 中国软科学，2012（2）：174 – 184.

② 邓美萍. 中国城市商业银行效率及其影响因素实证研究 [D]. 南昌：江西财经大学，2012.

2005 年的财务数据，进行实证分析，最终评价出我国城市商业银行创造价值的能力，结果表明，我国城市商业银行创造价值的能力仍比较低，但已表现出逐年上升的趋势①。丁俊（2001）通过研究证明城市商业银行在盈利指标、运作效率方面明显高于国有商业银行，特别是在盈利能力、信贷资产质量等指标上。他的研究过程也是采用城市商业银行和国有商业银行的财务与非财务指标，构建指标体系后对两者的效率进行比较。甘小丰（2007）构建了城市商业银行效率平均值这一指标，研究了大量的城市商业银行这一指标的变化情况，最终认为外资银行的引入能够改善城市商业银行发展中遇到的一些问题，有助于提高城市商业银行的效率。王贺峰和浦艳（2012）运用 DEA 方法对规模排名靠前的 12 家城市商业银行进行技术效率值的测度，证明城市商业银行股权结构中国有股份的比例与城市商业银行技术效率呈负相关。孙海刚（2013）对 31 家城市商业银行进行了同样的研究，发现城市商业银行技术效率总体有效，且技术效率与区域经济发展程度关系密切，部分城市商业银行规模效率处于递减阶段②。陈一洪（2014）以沿海地区 36 家城市商业银行的财务数据为样本，选用 DEA – Malmquist 的 TFP 指标进行实证研究发现城市商业银行近几年全要素生产率呈现下降趋势，其中，技术进步是主要影响因素。高进群（2010）样本选择区间是 2004～2008 年城市商业银行的数据，运用三阶段 DEA 模型测度出它们的技术效率，并与国有银行及股份制银行进行实证比较研究。结果表明，2004 年、2005 年及 2006 年，城市商业银行的技术效率高于国有银行，另外两年则反之。而在整个时期内，股份制商业银行的技术效率比前两者都要高③。

城市商业银行的跨区域经营选择一直是各个城市商业银行面临的战略挑战。关于这个问题，银监会逐步放松了对这一问题的监管要求，但是杨卫平（2010）认为这对于城市商业银行来说并不一定全是有利的，因为立足于本地城市一直以来都是城市商业银行最大的优势。城市商业银行依托于当地政府、企业和老百姓，能够得到强大的支持与动力。城市商业银行的着眼点首先应该是解决本地的

---

① 高丽峰，朱洪贵．我国城市商业银行创造价值能力分析［J］．东北财经大学学报，2008（4）：68 – 73.

② 孙海刚．我国城市商业银行效率研究［J］．金融理论与实践，2013（2）：33 – 36.

③ 高进群．基于三阶段 DEA 的城市商业银行效率研究［J］．合作经济与科技，2010（8）：64 – 65.

经营发展问题，如果根基没有打牢就想通过跨区域来解决本地经营当中的问题，只能是适得其反，使其风险扩大。所以各银行应该根据自身实际情况仔细权衡跨区域经营的利弊，做出自己的战略选择。城市商业银行在选择跨区域经营时应该重点分析运营资本、盈利能力、股权结构、跨区目的、公司治理、风险管理水平等方面，设置一个相应的标准来考察这些方面是否达到要求，而且是否跨区域还应该考虑能否带来利润增长点，能实现多少经营目标①。杜岳（2011）通过分析认为国内城市商业银行的自我市场定位差异化不明显、风险管控基础薄弱、经营与发展的差异化竞争跟不上、盈利能力低下、激励机制导向不科学，而且存在一定程度的不良竞争行为，他在研究后提出城市商业银行跨区域经营面临诸多难题，是否能持续盈利需要更多的时间去观察。2008 年城市商业银行大批量地开始选择跨区域经营，戴芸（2009）剖析了这一现象存在的风险和盲区，通过研究分析得出，大规模的跨区域经营将不仅加剧银行业间的竞争，还会加剧我国金融市场的不稳定性。因此最后认为中小银行应该有选择性地创新业务和发展模式。付音（2007）、李聪珊（2010）利用 SWOT 分析法，从自身发展优势和劣势、发展中面临的外部威胁与机遇四个维度出发，具体分析了城市商业银行的跨区域经营行为，结论表明，许多城市商业银行正是因为想要解决自身劣势和外部威胁，看准了外部的机会才选择进行跨区域经营，试图改变这些劣势与威胁。但是跨区域经营后，城市商业银行会面临很多问题，比如原油的一些优势荡然无存，所以城市商业银行在战略选择上应该慎之又慎，尽量追求稳健的发展，不能轻易动摇其"服务地方、服务中小、服务民营、服务市民"的市场定位。陈晞和叶宇（2011）选取了国内 25 家城市商业银行作为样本，收集了它们2007～2009 年的数据，用 DEA 方法进行效率测度，然后用面板 Tobit 模型对影响其跨区域经营的因素进行了回归分析。结果表明，样本银行的综合效率呈现逐步下降态势，而且处于规模报酬递减阶段。对其跨区域经营产生影响的因素中，资产规模、异地分支机构数与经营效率呈负相关，而管理水平和盈利能力与效率则呈显著正相关，这说明，跨区域发展并不是所有的中小银行的合适之选②。

———————

① 杨卫平. 城市商业银行跨区域经营的分析与思考［J］. 特区经济，2010（1）：69－70.

② 陈晞，叶宇. 2007 年—2009 年中小银行跨区域经营效率与影响因素分析［J］. 金融理论与实践，2011（7）：51－53.

当然，也有许多学者对于城市商业银行的跨区域经营持有相当乐观的看法。张晓乐（2011）认为城市商业银行的跨区域经营是非常必要的，他从城市商业银行的历史与现状出发，分析了城市商业银行外部和内部以及已实现跨区域经营城市商业银行的财务指标对比这三个方面，最终认为城市商业银行的单一城市制经营模式不断出现各种各样的问题，在市场竞争中原有的优势也在逐渐消减，城市商业银行更进一步的发展变得越来越困难，因此应该果断选择跨区域发展模式。在此基础上，他具体分析了城市商业银行跨区域发展的不同模式，界定出了每种模式的优缺点，希望能够给城市商业银行跨区域发展的选择带来一些参考。王辉（2010）从城市商业银行区域化发展的现状出发，对目前城市商业银行区域化发展的模式进行了梳理分类，并从必要性和可行性两个方面，指出了城市商业银行实现区域化发展是大势所趋。然后通过相关理论的引入，指出我国城市商业银行当前区域化发展的战略制定应该立足于所在城市，根据自身发展状况以及自己所处的城市增长极的不同层级和发展阶段，合理规划自己的区域化发展战略①。

周昊（2008）运用随机前沿分析方法从微观层面研究城市商业银行的效率，根据计算出的效率值进行对比分析，说明了城市商业银行的效率特点，通过无效率函数分析影响城市商业银行效率的因素，境外战略投资状况和无效率项存在着负相关的关系，即获得境外战略投资的城市商业银行其效率更高。政府直接持股比例和无效率项呈正相关关系，表明当地政府持股越多，对城市商业银行的行政干预就越多，影响了城市商业银行的经营状况，从而降低了城市商业银行的效率水平。银行的资产质量不良贷款率表现出与无效率项呈正相关关系，而资本充足率与银行无效率呈负相关关系。许东升（2006）从微观层面研究银行的 X 效率，用数据包络分析方法对国有独资银行、新兴股份制银行、城市商业银行的效率值进行比较分析，找出城市商业银行的效率状况和特点，分析它们之间存在差异的原因，从定性和定量、宏观和微观多层面多角度对城市商业银行效率的影响因素进行了分析，银行的资产质量、资本充足率、中间业务收入比重与城市商业银行

① 王辉．城市商业银行区域化发展研究［D］．上海：复旦大学，2010．

的效率之间存在一定相关关系，而银行的规模与银行效率的相关关系并不显著①。

薛志惠（2009）收集了国内城市商业银行从 2004 年开始的三年内的数据，利用三阶段 DEA 模型进行实证分析，得出的结论表明我国城市商业银行的技术效率、纯技术效率和规模效率都有大幅提高，另外，城市商业银行效率以及经营绩效的提高与其自身经营管理水平的提高息息相关。马盛楠（2011）选取了城市商业银行的财务指标，采用因子分析法来衡量和评价我国城市商业银行的效率。结果发现城市商业银行整体效率水平有很大的差异，起步更早并选择上市的城市商业银行的效率水平比起步晚的城市商业银行要更高，特别是城市经济发展水平与本地区的城市商业银行整体效率水平有显著的关系。李维安和曹廷求（2004）采用了山东、河南两省 28 家城市商业银行的样本对我国地方商业银行的股权结构、治理机制及其效果进行实证分析。最终表明，大股东的国有性质、外部董事比例和银行规模并没有对银行绩效产生明显影响，同时银行高管人员薪酬存在负激励效应②。

总体来说对国内城市商业银行的研究还不够丰富，不能形成系统的理论体系，学者们采用的方法也不够丰富全面，这就造成了最终的结果在一定程度上不能完全客观地反映出目前城市商业银行发展的问题与解决办法。

1.3.2.3 国内关于城市商业银行效率影响因素的研究

城市商业银行的股权结构、业务结构、资本规模是比较重要的研究领域。钱伟（2007）采用 DEA 方法，从城市商业银行的规模效率、纯技术效率和配置效率三个维度进行分析。最终的结论表明，合理的业务结构对银行经营效率的提高以及可持续的高效发展至关重要。从目前的情况来看，存贷利差的高低非常显著地影响着城市商业银行的经营效率，他建议城市商业银行通过降低不良贷款率和提高资产质量来提升经营效率。除此之外，他还对影响商业银行效率的内在因素进行了实证研究，研究发现，近年来城市商业银行的综合效率处于不断上升阶段，对效率的分解研究发现，这种效率提升主要是由于配置效率水平的提高引起的，而落后的人员成本控制和规模过快的不合理增长对城市商业银行效率的影响

① 许东升. 城市商业银行效率研究［D］. 成都：电子科技大学，2006.
② 李维安，曹廷求. 股权结构、治理机制与城市银行绩效——来自山东、河南两省的调查证据［J］. 经济研究，2004（12）：4-15.

是十分不利的①。芮有浩和许承明（2010）将视野放之全国，从中选取了 13 家最有竞争力的城市商业银行，并对它们的效率进行实证分析，最终发现通过整合重组、资本市场上市、引进战略投资者将会提高城市商业银行的效率，而且银行规模与技术效率正相关。钱蓁（2003）认为影响商业银行效率的三个主要因素是股权结构、自有资本比例和利息收入与总营业收入的占比，在这三个方面不断地自我完善便可以提高商业银行的效率。他得出这一结论的依据是在选取国内八家商业银行中，利用 SFA 方法对这些银行 1995 ~ 2000 年的前沿效率进行测度，同时具体分析影响银行前沿效率的相关因素②。

此外，城市商业银行所在区域经济发展水平对城市商业银行效率的提高也是学者的研究重点。蔡允革和张晓艳（2008）研究了区域经济发展水平与城市商业银行营利性水平之间的相互关系，在收集了我国城市商业银行从 2001 年开始为期五年的数据后进行实证分析，得出结论证明经营绩效好的城市商业银行主要集中在泛长江三角洲和环渤海区域等经济较发达的地区，也就是说区域经济的发展水平与城市商业银行盈利状况具有显著的正相关关系。另外，芦丹（2006）对 DEA 模型进行了改进，引入了城市差异系数，这样一来可以消除本城市经济发展水平的差异对城市商业银行效率评价的影响，在这一模型下对上海银行等五家城市商业银行进行了效率评价。最终得出的结论是，在引入城市差异系数后，城市商业银行效率研究结果变得更加科学有效。孙海刚（2013）通过 DEA 方法对 31 家样本城市商业银行的技术效率进行测评，结论证明城市商业银行的技术效率总的来说是有效的，区域经济发展水平与其有显著的正相关关系，同时也有一些城市商业银行的规模效率位于报酬递减区间中。

曹廷求和郑录军（2005）从规模、创新程度、盈利能力、治理结构、稳定性、股权结构等八个方面分析影响银行效率的因素③。童光荣和张磊（2007）发现资产利用率、贷款增长率、存贷比、权益比、经营性收入增长率等可以作为股份制银行效率的风险先行指标。赵永乐和王均坦（2008）从营利性、抗风险能力、资金流动性、资源配置能力和创新程度五个方面考察影响银行效率的因素。

① 钱伟. 中国城市商业银行效率的比较分析 [D]. 杭州：浙江大学，2007.
② 钱蓁. 中国商业银行的效率研究——SFA 方法分析 [J]. 南京社会科学，2003 (1)：41-46.
③ 曹廷求，郑录军. 我国商业银行效率及其影响因素的实证分析 [J]. 金融研究，2005 (1)：91-101.

吴晨（2011）从宏观、行业、微观三个层面，具体考察 GDP、市场集中度、不良贷款、贷存比、中间业务收入占比以及上市年数对银行效率的影响。杨长昱（2012）从经营能力、获利能力和资本利用方面分别对 2010 年国内主要商业银行的效率进行了测算和评价。

李栋（2008）通过回归分析发现，资本资产比例、人力资本等因素显著地促进了商业银行效率的提高，而相反的是资产总额、资产费用率等却不利于效率的提高，因此在制定相应的提升对策时应该结合各个因素的作用方向[①]。朱南等（2012）通过实证分析得知盈利能力较低和股权集中度较高是影响我国商业银行效率的最大因素，今后应该在这两个方面加大力度，重点解决其对我国商业银行效率的制约。郭妍（2005）通过对国有银行和部分股份制商业银行的实证分析发现，商业银行效率与贷存比、资本充足率等因素存在较为显著的正相关关系，而与规模增长率存在较为显著的负相关关系，与费用率不存在显著的相关关系[②]。李晓庆等（2021）以我国 63 家商业银行 2008～2019 年的数据为样本，基于 DEA 模型测度银行公司治理效率，并构建面板回归模型，实证检验公司治理效率与银行绩效间的关系以及外部治理因素对两者关系的调节效应[③]。研究结果表明：我国商业银行公司治理水平良莠不齐，国有银行的治理效率最高，城市商业银行次之，股份制银行最低；公司治理效率对银行绩效具有显著正向促进作用，尤其是国有银行。

从这些研究可以看出，国内目前对于城市商业银行效率影响因素的研究集中在银行的股权结构、业务结构、资产比例、人力资本以及区域经济发展水平等方面。虽然取得了很多成绩，但是还有很大不足。例如样本数量有限、研究方法过于单一，这就造成了结果的有效性受到一定影响。

① 李栋. 中国商业银行效率实证研究［D］. 天津：天津大学，2008.
② 郭妍. 我国商业银行效率决定因素的理论探讨与实证检验［J］. 金融研究，2005（2）：115－123.
③ 李晓庆等. 公司治理效率、外部治理与商业银行绩效［J］. 江淮论坛，2021（1）：44－53.

1.4 研究方法、技术路线与主要内容

在研究方法方面，本书实现了三个结合，即：

第一，理论分析与实证分析相结合。既从城市商业银行的概念、特征和作用方面阐释其独特性，也从其与经济增长的关系分析探究两者的作用机制。此外，还深入剖析了我国城市商业银行的发展现状。

第二，定性分析与定量分析相结合。在进行定性化分析的基础上，本书重点运用数据包络分析法和随机前沿分析法两种主流效率评价方法实施了定量化分析，从而保证了分析过程的全面性、科学性和可靠性。

第三，微观分析与中观分析相结合。本书通过采集我国116家城市商业银行的相关数据，从微观视角测度了其静态效率和动态效率，同时，也从省域经济的中观视角建模分析了各省域城市商业银行的整体效率及其与经济增长的关系。

本书的主要技术路线如图1-1所示。

本书的主要内容包括五个部分，具体如下：

第1章是绪论，主要包括研究背景与研究意义，相关概念的界定，文献综述，研究方法、技术路线和主要内容，研究的重难点及创新点等内容。

第2章是城市商业银行与经济增长关系的相关理论及其作用机制，主要阐释了金融发展理论、金融结构理论、金融中介理论、金融约束理论以及金融发展与经济增长的内生理论机制。

第3章是中国城市商业银行的效率测度，本章分别基于数据包络分析和随机前沿分析两种方法测度比较了样本期不同区域城市商业银行的效率差异。

第4章是中国城市商业银行的整体效率与省份经济增长的关系，本章从省份经济发展视角探究了省份内城市商业银行整体的效率及其对省份经济增长的作用机制。

第5章是结论及建议，主要说明了实证分析的经验性结论并提出了相应的政策建议。

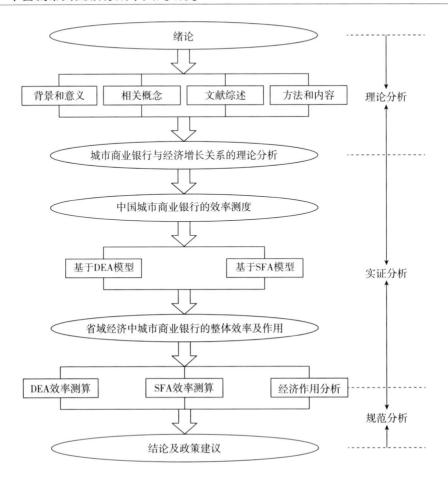

图 1-1　技术路线

1.5　研究的重难点及创新点

　　本书的研究重点是对中国城市商业银行的效率进行测度比较,其难点在于面对 100 余家分散在中国各地的城市商业银行,由于其公开信息披露和统计资料极难获取,而本书又试图尽可能地扩大样本容量,因此,在测度指标的选取方面必须充分考虑数据的可获得性问题，个别对于效率测度极其重要的指标数据缺失使得本书不得不选择次优性的指标作为替代。

本书的创新点主要有：

第一，研究视角的新颖性。有关商业银行及其效率的文献十分丰富，但针对城市商业银行的效率问题研究则相对有限，本书以城市商业银行为研究对象开展的实证分析无疑对城市商业银行的发展具有重要意义。

第二，研究范围的广泛性。本书在实证分析中面临的关键障碍在于如何平衡指标选择和数据可得两个问题，同时又尽可能地扩大样本容量，通过大量的指标筛选和长期的实地与案头调研，本书完成了116家分析对象的基础数据采集，覆盖了中国约78%的城市商业银行，为后续建模分析提供了充足数据。

第三，研究方法的科学性。由于效率测度的方法各自具有独特性，因此，为避免单一测度方法的偏颇，本书同时采用了数据包络分析和随机前沿分析两类方法，并将静态分析与动态分析相结合来综合测度中国城市商业银行的效率。

2 城市商业银行与经济增长关系的相关理论及其作用机制

2.1 城市商业银行与经济增长关系的相关理论

在发展中国家，银行业仍然是金融体系的主力，而城市商业银行的存在对我国银行体系来说是一种补充和完善，截至 2016 年 6 月 30 日，我国共有 133 家城市商业银行，其总资产和总负债分别占全国银行业金融机构总额的 11.56% 和 11.67%，成为我国银行业的重要组成部分。因此，城市商业银行与经济增长关系的相关理论也即金融发展与经济增长的相关理论。

2.1.1 金融发展理论

在传统的古典经济学理论体系下，萨伊定律作为整个理论的基石，强调供给可自行创造出需求，因此会带来市场的自动出清，所以货币只能发挥交易媒介的作用，而无法对真实的经济发展带来实质上的影响。然而，随着瑞典学派的魏克赛尔（Knut Wicksell）在 20 世纪初期首次阐述一般意义的货币经济理论表明：货币自身确实可对经济产生实质性的影响，通过区分由实物资本借贷而形成的自然利率和由货币资本借贷而形成的货币利率，形成了两种利率的利差关系，而这种利差会形成企业家融资结构的调整，若货币利率比自然利率低，那么企业家就会选择借贷更多的货币资本进行扩大再生产，从而促进经济的积累和发展。在此基础上，格利和肖在《金融理论中的货币》（J. G. Gurley & E. S. Shaw，1960）一书中，进一步建立起了现代金融理论的研究与分析框架，初步形成了以下四个结论：

第一，强调了金融资产多样化的作用。通过货币、初级证券和间接证券的基本分类提出了金融资产概念，指出各种金融资产之间存在着一定程度的替代关系。因此对金融资产多样化程度进行估计，能够很好地反映出金融发展的总体水平。

第二，区分了直接融资和间接融资。通过投入—产出的关系对收支状况进行了分类研究，将整个经济单位分为盈余、平衡和赤字三个部门，其中，投资行为发生在盈余部门，融资行为发生在赤字部门。当盈余部门通过赤字部门直接购买其发行的初级证券，那么这种金融活动就是一种直接融资行为；当盈余部门通过金融中介机构间接购买各类企业债券时，那么这种金融活动就是一种间接融资行为。在一般情况下，赤字部门的各种赤字规模决定了初级债券的规模，而对盈余部门而言，在初级债券和间接债券之间进行资产配置，则可通过金融资产的多样化降低投资风险。因此，金融中介的发展就取决于盈余部门和赤字部门之间的规模比例关系，这可看作是经济发展对金融发展的一个决定因素。

第三，重新定义货币的资产结构。按照"内部货币"（Inside Money）和"外部货币"（Outside Money）的不同分析了货币在金融中介中发挥的不同作用。通过政府的支出和购买行为会带来货币需求的增加，这种引起货币增加的货币现象被定义为"外部货币"。因为其无法纳入到私人部门的债务额度当中，所以价格水平的变化就会带来财富在政府部门和私人部门之间进行转换。而私人部门的经济行为会带来债务水平的变化，从而影响货币的供给和需求水平，我们将这种货币现象定义为"内部货币"。因为其核心是以私人内部的投融资行为形成的债务，只会引起价格的水平运动，所以财富只会在私人部门之间转移，而不会出现在政府部门和私人部门之间。由此可以看出，金融中介发挥作用的机制、能力和范围会受到不同经济部门的差异化影响。

第四，首次对金融中介机构进行分类研究，将银行与非银行机构进行差异化的比较。按照金融中介种类进行的分类，使货币系统和非货币系统之间的关系与比例构成研究金融结构问题的基础。在格利和肖的金融发展理论体系下，尽管没有明确提出金融结构的相关概念，但他们分析的金融资产结构关系、投融资结构比例、货币供给和需求的结构变动以及金融中介结构的消长，都为进一步研究金融结构与经济增长之间的关系理论奠定了坚实的基础。

2.1.2 金融结构理论

著名经济学家戈德史密斯在其专著《金融结构与金融发展》（Goldsmith，1969）中提出了金融结构理论。该理论认为金融的发展指的是金融结构的变化。因此，要对金融发展进行研究就必须先对金融结构变化进行研究。他认为一国的金融结构由该国的金融机构和金融工具构成。金融工具是指金融市场上的所有金融资产。金融机构既涵盖了金融机构的相对规模、经营方式和经营特征，又包括了金融中介机构的集中程度。

戈德史密斯在书中提出了金融相关率指标来衡量一个国家或地区的金融结构和金融发展水平，反映的是一个地区的金融深化程度。与此同时，书中也提出了其他重要指标，比如主要类型的金融工具在金融资产总额中所占比重、金融资产总额和各类金融工具余额在各个经济部门之间的分布比例、所有金融中介机构资产在全部金融资产总额中的比例等。戈德史密斯依据各国家每年的数据，用上述指标对这些国家金融发展状况进行统计和分析，得出了金融发展与经济增长正相关的结论。

他的主要观点有：①各国的经济发展和金融发展在长期上存在大致平行的关系；②在经济的发展过程中，国民生产总值的增长速度要小于金融部门的增长速度，金融相关率的变动趋势是往上的；③一个国家或地区的金融相关率并不是无限增长的，当一个国家或地区的金融机构发展到一定程度时，尤其是金融相关率在左右时，该值将会趋于稳定；④金融相关率是由本国或地区的经济结构其基本特征所决定的，它反映的是经济体以自身资金积累满足资金需求的程度和从外部融入资金满足自身需求的程度；⑤随着经济发展，大部分国家或地区的金融机构发行和持有的金融资产所占比重会不断提高；⑥金融水平的提高，会促进金融市场的完善和增加金融机构的竞争程度，从而提高金融市场的效率，降低金融市场的融资成本。

戈德史密斯得出的研究结果虽然仅仅只是表明了一种相关性，并没有指出金融发展是经济增长的原因，但是却表明在经济发展的同时也要加快金融的发展，因为它们之间有着一种大致平行的关系。

2.1.3　金融中介理论

美国学者肖和麦金农在 1973 年先后出版了《经济发展中的金融深化》（Shaw，1973）和《经济发展中的货币和资本》（McKinnon，1973），他们从不同的角度对不发达经济体的金融发展与经济增长的关系进行了开拓性的研究，都充分强调了金融在经济增长中的作用，分别提出了"金融深化理论"和"金融抑制理论"，其结论大致相同，即金融发展对经济增长具有积极的作用，但金融抑制限制了投资规模和投资效率，阻碍了经济的增长。后来被统称为"金融中介理论"。

简单来讲，麦金农和肖认为，金融制度和经济发展之间的作用，表现为两者在共同发展的过程中对彼此的互相影响和互相刺激：一方面，健全的金融制度能够有效调动储蓄资金，并引导这些资金投资到生产过程，从而促进经济的发展；另一方面，经济的增长使国民收入提高，从而使储蓄和投资增加，进而促进了金融业发展。但是，在经济发展过程中，发展中国家往往不重视金融市场机制的作用，对金融市场有着过多的干预，比如实行低于市场均衡水平的利率政策，导致储蓄的下降，结果抑制了金融与经济的发展，如此反复形成恶性循环，形成金融抑制。麦金龙和肖把各个国家和地区的金融发展状况划分为金融抑制和金融深化两种状态。

金融抑制的基本特征有五点：①经济货币化程度不高，不发达的金融体系，过高比例的实物资产；②金融体制中存在着明显的二元结构，计划部门和市场部门并存，金融行业缺乏竞争，少数几个大型计划部门的商业银行垄断着整个银行业的经营；③金融行业法律体制不健全，金融市场活动不规范，金融市场处于分割状态；④金融市场不发达，金融工具种类少，金融结构不合理，资金不能通畅地从资金盈余者手里转向资金赤字者，降低资源的配置效率；⑤政府干预过度，阻碍了金融市场的发展。

金融抑制所带来的问题反映在两个方面：一方面，利率不是由市场上资金供求所决定,而是由政府部门规定,无法正确反映市场上资金的真实供求状况。从资金的供给角度来讲,过低的利率降低了资金盈余者的储蓄意愿,导致资金来源的萎缩。从资金的需求角度来讲,过低的利率诱导了对资金的过度需求,降低了资金的使用效率。另一方面,资金短缺和利率管制必然导致政府采取信贷配给的方式发放贷款,资金往往流入政府重点发展的部门和企业、特权阶级以及富人的手中,恶化了分配结构,也造成资金的使用效率下降。

总之,金融抑制不利于经济的发展,而解决金融抑制的方法就是金融深化。金融深化理论认为金融创新就是利用新思维、新组织方式和新技术等在金融领域中建立各种金融要素的一种新组合,是为了追求利润机会而形成的市场改革,通常包括在金融体系中与金融市场上形成新的金融工具、新的融资方式、新的金融市场、新的支付清算手段、新的金融组织形式以及新的管理方法等。金融创新是个连续不断的过程,金融业发展的过程也就是一个金融创新、金融深化的过程。麦金农的模型中包含了经济增长率、储蓄倾向和金融深化的交互作用,其含义为金融体制改革使金融深化有显著成效,从而大大提高储蓄率,随即投资率和收入增长率也会相应提高,而收入增长后会对储蓄产生进一步推动,这就是金融深化的良性循环效果。一方面,政府金融机构减少对金融市场的干预,让市场机制决定资金的价格,刺激储蓄和投资,从而促进经济增长。另一方面,完善金融市场,提高经济货币化、商业化的程度,发展多种多样的金融工具,让金融资产成为个人财富的一种储藏形式,从而使货币和金融资产的发行成为促进投资和加快资本形成的必要条件。投资增加、资本形成加快,从而促进经济的增长。

2.1.4 金融约束理论

金融中介理论出现后,许多发展中国家都进行了金融自由化改革。但是,如拉丁美洲国家的自由化改革造成了企业大量破产、恶性通货膨胀和严重失业,20世纪90年代墨西哥、东南亚爆发严重金融危机等失败的例子,都让人们反思金融深化理论。随着金融发展理论研究的不断深入,《金融约束:一个新的分析框架》(Hellmann,Murdock & Stiglitz,1997)一文重新审视了金融体系中的放松管制与加强政府干预的问题,提出了金融约束理论,强调政府干预的"金融约束"政策主张。金融约束理论认为,不能完全依赖金融市场,因为金融市场上存在市场失灵的情况。金融市场失灵的原因在于信息不对称。为了避免金融市场失灵的状况，政府必须建立具有约束力的制度和政策，利用政策来保障市场机制的正常运行。政府可以制定金融约束政策，为金融机构创造获取"租金"的机会，来激励金融机构改善金融市场上信息不对称的现状，从而推动金融的发展，促进经济增长。所谓租金是指超过竞争性市场所能产生的收益。政府可以通过控制存款利率来为银行创造获取"租金"的机会，使其存款利率低于市场均衡利率（但保证实际利率为正）。政府这种选择性干预将有助于金融发展，并推动经济增长。特别是在发展中国家的金融改革初期，由于其实际国情的制约和存在市场失败的可能，积极发挥政府的作用将有助于国内金融体系的建立和健全，从而促进经济的稳定和发展。金融约束论为政府干预金融市场提供了理论依据，并且为发展中国家实现金融自由化提供了政策框架。

金融约束理论的政策主张：①限制银行业竞争，确保金融体系的稳定。但限制竞争并不等于禁止一切的进入，而是指新的进入者不能侵占市场先进入者的租金机会。一方面政府通过特许权控制向银行业的过度进入，另一方面要避免银行业内的恶性竞争。②限制居民将银行部门的存款转化为其他资产。③政府控制存款利率，创造获取租金的机会，这样可以有效降低银行的经营成本，同时加强监管和控制风险，使租金机会得以实现。④控制贷款利率，在信息不对称的环境中，可以有效避免较高的利率引发的道德风险问题，从而可以提高银行资产质量。

2.2 金融发展与经济增长的内生理论机制

虽然在经济增长理论研究过程中，出现了众多经济增长模型，但都忽略了金融部门在促进储蓄向投资转化过程中的作用。显然，上述金融发展理论、金融结构理论、金融中介理论和金融约束理论都表明，金融发展对资本积累与经济增长具有极其重要的作用，发育良好的金融市场有利于储蓄的增加以及储蓄向投资的有效转化。因此，金融发展与经济增长之间的相互关系受到了越来越多的经济学家的关注，他们的研究都在寻求金融部门与经济稳定增长之间的联系。其基本思想是，金融变量对经济增长产生作用的主要渠道是投资资源的有效使用是其生产效率的提高，完成途径是通过较高水平的金融发展如金融深化以及有利于对投资项目的监督和资金向有效投资者转移的金融自由化。

投资数量及投资效率是实现经济快速增长的关键因素，持续高速的经济增长需要高水平的储蓄与投资。这已被中国香港、新加坡、马来西亚、中国台湾等亚洲国家与地区持续高速增长多年的事实所证实，这些国家或地区也是过去十多年中唯一能够保持储蓄率增长的地区，当然这些国家或地区的高速增长的另一个重要原因就是出口的高速增长。高储蓄率、高投资率以及储蓄向投资的有效转化，伴随着的是这些国家或地区的经济高增长率。世界上别的发展中国家在 1971 ~ 1981 年及 1982 ~ 1992 年都经历了经济增长的严重下降，工业化国家的平均增长率从 2.9% 下降到 2.8%，非洲从 2.8% 下降到 2.2%，欧洲发展中国家从 4.8% 下降到 2.2%，中东国家从 5.8% 下降到 3.2%，西半球发展中国家从 5.1% 下降到 2.0%。而亚太地区发展中国家平均增长率则从 1971 ~ 1981 年的 5.5% 猛增到 1982 ~ 1992 年的 7.1%。基于以上经济增长事实，可以用帕加诺模型对经济增长的内在机制做如下解释。

帕加诺模型是阐述金融发展促进经济增长机制中比较有代表性的理论模型，是指帕加诺在 1993 年将金融因素引入 AK 模型，用该模型来研究金融发展对经济增长产生影响的途径。该模型的主要内容为：

首先，假设一个经济体是封闭的，该经济体的规模保持不变。并且社会所生产的产品只有一种，可为消费品，也可为资本品。假定总产出是总资本存量的线性函数，那么总产出函数为：$Y_t = AK_t$，其中 K_t 为总资本存量，A 为资本的边际产出率。

其次，假定产品被用于投资，每期以一定的比率折旧，即资本折旧率 δ 为常数，可得到：$K_{t+1} - (1 - \delta) K_t = I_t$，$I_t$ 表示投资。

经济实际增长率：$g = \dfrac{Y_{t+1} - Y_t}{Y_t} = \dfrac{AK_{t+1} - AK_t}{Y_t} = A \dfrac{I_t}{Y_t} - \delta$。

在封闭经济中，投资等于总储蓄（$I = S$），因此：$g = A \dfrac{S_t}{Y_t} - \delta$。这是 AK 模

型。可以看出在 AK 模型中，储蓄完全转化为投资。

最后，帕加诺将金融部门引入 AK 模型中，他认为金融部门的作用体现在储蓄转化为投资的过程中。但是，由于金融中介成本的存在，储蓄向投资的转化过程中会产生资本漏出，因此总投资 I 等于总储蓄 S 的均衡条件并不成立，而应将均衡条件修改为 $\theta S_t = I_t$，其中 θ 为储蓄向投资的转化率。可得：$g = A\theta \dfrac{S_t}{Y_t} - \delta = A\theta S - \delta$，其中 S 为储蓄率，$S = \dfrac{S_t}{Y_t}$。

帕加诺模型表明，决定经济增长的因素包括三个：储蓄率、储蓄投资转化率和资本边际生产率。金融市场的发育与金融部门的效率将提高储蓄投资转化率，借贷利率的扩大证券以及券商的佣金与费用都将影响储蓄投资转化率。金融市场的信息功能使经济主体能够很好地选择投资项目，使资金投向回报率较高的项目上，从而提高了投资的生产效率，同时金融市场使消费者通过多元化投资组合化解了流动性风险。当然，随着金融市场的发展，储蓄率也将发生变化。可见，金融发展通过作用于以上三个参数使之变化，从而影响经济增长。

应当指出的是，金融发展对经济增长的影响更多地体现在储蓄率及储蓄向投资转化比率的提高上。尽管金融发展也会对资本的边际生产率产生影响并进而影响经济增长，但实际部门的经济效率提高更多地依赖于投资增加与资本积累过程中所表现出来的外部经济，这种经济的外部性使资本的边际产出不再下降，从而出现资本的产出弹性超过其收入份额，规模经济出现递增。这种外部经济来源于知识的积累和技术的提高，来源于人力资本水平与 R&D 资本水平的提高，这是长期持续增长的源泉。

经济的增长与收入水平的增加提高了储蓄水平，而金融的发展提高了储蓄率与储蓄—投资转化比率，从而增加了投资，而投资的增加又使生产扩大、产出增长，并通过金融的发展以及人力资本与资本水平的提高使生产效率得以提高，进而促进经济更快地增长。

2.3　本章小结

　　本章主要对城市商业银行及经济发展相关理论进行了梳理，同时，也探讨了两者之间的相互作用关系。因为在发展中国家，银行是金融体系的主力，而在我国，城市商业银行在银行体系中的占比也相当可观，是我国银行业的重要组成部分，所以，金融发展理论、金融结构理论、金融中介理论和金融约束理论都为研究城市商业银行体系提供了坚实的理论基础。另外，城市商业银行和经济发展之间的作用机制，即金融发展与经济增长之间相互影响、相互作用的内生机制可以概括为：金融发展促使储蓄增加以及储蓄向投资的有效转化，投资的增加加快了资本的积累与产出的增长，产出的增长又使储蓄进一步地增加，再通过金融的发展促进投资的增加，从而使经济更快地增长。

3　中国城市商业银行的效率测度

3.1　基于数据包络分析的效率测度

城市商业银行效率既是其竞争力的集中体现，又关系到资金在社会范围内的优化配置。对城市商业银行效率评价为国家监管机构制定监管政策提供相关理论依据，有利于各城市商业银行判断自身与其他银行的效率差距、提高效率水平，进而提高中国商业银行整体竞争力；有利于保持金融业的稳定与发展，促进经济增长。测度商业银行效率的方法主要有两大类：以随机前沿分析为代表的参数法和以数据包络分析为代表的非参数分析法。随机前沿分析法可以分解出供企业提升效率的信息，但其准确性取决于模型设定情况；数据包络分析法并不预先假设生产函数或分布，而是采用线性规划方法来处理数据，因实用性更强而大量被用于测度金融产业效率领域，本书亦选用数据包络分析法从静态、动态及两阶段特点等角度对中国 116 家城市商业银行效率进行效率研究。

3.1.1　模型概述

数据包络分析模型主要包括 CCR 效率评估模型、BCC 效率评估模型、SE - DEA 效率评估模型、SBM（Slack Based Measure）效率评估模型和 EBM（Epsilon Based Measure）模型及 Malmquist 指数法等。CCR 模型假定各企业规模报酬不变，根据样本观测值构造效率前沿边界，并用个体样本观测值与其距离远近来衡量个体样本的相对效率。BCC 模型放松了前述假定，将综合技术效率分解为纯技术效率和规模效率，以衡量不同规模报酬下的各决策单元是否处于最佳生产规模。CCR 模型与 BCC 模型作为数据包络分析法的经典模型，得以应用于众多领域，但也存在一定的局限性。首先，CCR 模型与 BCC 模型能够对决策单元进行有效性与无效性的判断，但当存在多个决策单元为 DEA 有效时，则无法进行进一步评估区分，而 SE - DEA 非常有效地解决了这一问题；其次，CCR 模型与 BCC 模型的径向性和角度性特征易忽视松弛变量或投入（产出）的某一方面，且无法科学处置评价系统中的非期望产出部分，从而导致相对效率的测算存在误差，非径向、非角度的 SBM 模型虽能有效解决以上问题，但 SBM 模型的优化损失了效率前沿投影值的原始比例信息，在线性规划求解中也暴露出了不足，即取零值和正值的最优松弛具有显著的差别，而 EBM 模型则能够有效解决 SBM 模型的测算效率分值时存在的问题。因此，本书选取超效率 DEA 模型对阶段一的各城市商业银行进行集聚资金的效率评价，选用 EBM 模型对阶段二的各城市商业银行进行获利效率的评价，从而得到各城市商业银行的综合效率。

此外，CCR 模型与 BCC 模型均是基于特定时期、生产技术不变这一假设，但不同时期的生产前沿面及技术水平都存在差异，导致样本各年间的效率值缺乏可比性。考察中国城市商业银行效率变化，其核心和根本在于对其全要素生产率（TFP）也即广义的技术进步率进行测度，并对各时期 TFP 进行比较。DEA - Malmquist 指数分析法则基于生产技术可变假设，允许效率随时间推移而变化，故本书用以测度中国 116 家城市商业银行效率的动态变化水平。

3.1.1.1　中国城市商业银行的静态效率评价模型

（1）阶段一：投入导向超效率 DEA 模型。1978 年 Charnes、Cooper 和 Rhodes 在 *European Journal of Operational Research* 杂志发表题为"Measuring the efficiency of decision making units"文章，创立了数据包络分析法。该方法的原理主要是通过保持决策单元（Decision Making Units，DMU）的输入或者输入不变，借助于数学规划方法确定相对有效的生产前沿面，将各个决策单元投影到 DEA 的生产前沿面上，并通过比较决策单元偏离 DEA 前沿面的程度来评价它们的相对有效性。DEA 方法以相对效率概念为基础，以凸分析和线性规划为工具的一种评价方法，具有以下优势：第一，在处理多输出—多输入的有效性评价方面具有绝对优势；第二，作为非参数评价方法，DEA 不需要预先估计参数，利用包络线代替微观经济学中的生产函数，通过数学规划来确定经济上的最优点，在避免主观因素、简化算法和减少误差等方面有着不可低估的优越性；第三，DEA 方法并不直接对数据进行综合，因此决策单元的最优效率指标与投入指标值及产出指标值的量纲选取无关，应用 DEA 方法建立模型前无须对数据进行无量纲化处理。

Charnes、Cooper 和 Rhodes（1978）建立的第一个 DEA 基本模型以三人的名字缩写命名，称为 CCR 模型。CCR 模型的线性规划经历了从分式规划到对偶规划的转变。对偶规划理论是线性规划里最重要、最有效的基础理论，对偶模型的建立有助于我们从理论和经济意义角度更深层次地分析问题。具体表现为，对偶规划能够有效地判断各个决策单元所对应的坐标空间内的点是否落在生产前沿面上，该生产前沿面是指由各个决策单元的输入和输出数据组成数据包括面的一部分。因为 CCR 模型下的生产可能集呈凸锥形状，所以 CCR 模型下位于生产前沿面上的点所对应的决策单元既具有技术有效性，又具有规模有效性，这也是 CCR 模型成为规模报酬不变（Constant Returns to Scale）的 CRS 模型的原因所在，主要用来测度含规模效率的技术效率。

在规模收益不变条件下，CCR 模型假定有 n 个决策单元 $DMU_j(j=1, 2, \cdots, n)$，每个决策单元都有 m 种输入，记为 $x_{ij}(i=1, 2, \cdots, m)$，输入的权重表示为 $V=v_i(i=1, 2, \cdots, m)^T$；$s$ 种输出，记为 $y_{rj}(r=1, 2, \cdots, s)$，输出的权重表示为 $U=u_r(r=1, 2, \cdots, s)^T$。其中，$X_j=x_{ij}=(x_{1j}, x_{2j}, \cdots, x_{mj})^T>0$，$Y_j=y_{rj}=(y_{1j}, y_{2j}, \cdots, y_{sj})^T>0$。第 o 个决策单元进行效率测度，记 DMU_o 对应的输入、输出量分别为：$x_o=x_{io}$，$y_o=y_{ro}$，则 DMU_o 相应的效率评价指数为：

$$\max\theta_o = \frac{U^TY_o}{V_i^TX_o} = \frac{\sum\limits_{r=1}^{s}u_{ro}y_{ro}}{\sum\limits_{i=1}^{m}v_{io}x_{io}}$$

$$\text{s. t.} \quad \frac{U^TY_o}{V_i^TX_o} \leqslant 1, \quad i=1, 2, \cdots, n$$

$U, V \geqslant 0, i = 1, 2, \cdots, m, r = 1, 2, \cdots, s, o = 1, 2, \cdots, n$ （3 - 1）

为了方便计算，可以运用 Charnes - Cooper 变换，将模型（3 - 1）分式规划原始规划模型转化为模型（3 - 2）：

$$\max\theta_o = U^T Y_o = \sum_{r=1}^{s} u_{ro} y_{ro}$$

$$\text{s. t.} \sum_{j=1}^{n} y_{rj}\lambda_j - \sum_{j=1}^{n} x_{ij}\lambda_j \leqslant 1, j = 1, 2, \cdots, n$$

$$\sum_{j=1}^{n} x_{ij}\lambda_j = 1,$$

$$\lambda_j \geqslant 0, i = 1, 2, \cdots, m, r = 1, 2, \cdots, s, o = 1, 2, \cdots, n \quad （3 - 2）$$

线性规划（3 - 2）的对偶规划为模型（3 - 3）（加入松弛变量，s^+ 和 s^- 以后）：

$$\min\theta_o$$

$$\text{s. t.} \sum_{j=1}^{n} x_{ij}\lambda_j + s^- = \theta_o x_{io}, i = 1, 2, \cdots, m$$

$$\sum_{j=1}^{n} y_{rj}\lambda_j - s^+ = y_{ro}, r = 1, 2, \cdots, s$$

$$\lambda_j, s^-, s^+ \geqslant 0, j = 1, 2, \cdots, n \quad （3 - 3）$$

模型（3 - 3）为 DMU_o 基于投入导向的 CCR 模型表达式，其最优解 θ_o^* 代表效率值，$\theta_o^* \in （0, 1]$。

CCR 模型假定决策单元的规模收益是不变的，即被考察的决策单元可以通过增加投入等比例地扩大产出规模。这一假设相当严格，在许多情况下并不满足，不完全竞争、经济环境乃至政策限制等因素都可能导致企业难以在理想的规模下运行。1984 年，Banker、Charnes 和 Cooper 用规模报酬可变（Variable Returns to Scale）假设取代了 CCR 模型的规模报酬不变假设，发展成 BCC 模型，又称为 VRS 模型。DMU_o 基于投入导向的 BCC 模型的表达式如模型（3 - 4）所示：

$$\min\theta_o$$

$$\text{s. t.} \sum_{j=1}^{n} x_{ij}\lambda_j + s^- = \theta_o x_{io}, i = 1, 2, \cdots, m$$

$$\sum_{j=1}^{n} y_{rj}\lambda_j - s^+ = y_{ro}, r = 1, 2, \cdots, s$$

$$\sum_{j=1}^{n} \lambda_j = 1$$

$$\lambda_j \geqslant 0, \ j = 1, \ 2, \ \cdots, \ n \tag{3-4}$$

模型（3-4）是在 CCR 模型的基础上增加了凸性假设约束条件 $\sum_{j=1}^{n} \lambda_j = 1(\lambda_j \geqslant 0)$ 构成的，其作用是使投影点的生产规模与被评价 DMU 的生产规模处于同一水平。

经典 DEA 模型只能评价 DMU 是否相对有效，但不能对相对有效的 DMU 进一步区分、排序。为了弥补这一缺陷，1993 年 Andersen 和 Petersen 建立超效率模型（Super – Efficiency，简称 SE – DEA 模型），原理是从有效边界中删除被评价决策单元，以剩余决策单元为基础，形成一个新的效率边界，从而完成所有 DMU 实现完整排序。此外，Banker 和 Chang（2006）研究表明，超效率 DEA 模型对于异常值非常敏感，是用于检测数据集中存在异常值的有效方法。以传统的 CRS 模型的对偶为例，其对应的超效率 DEA 模型如下：

DMU_o 基于 CCR 模型的超效率 DEA 模型：

$$\min \theta_o$$

$$\text{s. t.} \ \sum_{\substack{j=1 \\ j \neq o}}^{n} x_{ij} \lambda_j + s^- = \theta_o x_{io}, i = 1, 2, \cdots, m$$

$$\sum_{\substack{j=1 \\ j \neq o}}^{n} y_{rj} \lambda_j - s^+ = y_{ro}, r = 1, 2, \cdots, s$$

$$\lambda_j, \ s^-, \ s^+ \geqslant 0, \ j = 1, \ 2, \ \cdots, \ n \tag{3-5}$$

DMU_o 基于 BCC 模型的超效率 DEA 模型：

$$\min \theta_o$$

$$\text{s. t.} \ \sum_{\substack{j=1 \\ j \neq o}}^{n} x_{ij} \lambda_j + s^- = \theta_o x_{io}, i = 1, 2, \cdots, m$$

$$\sum_{\substack{j=1 \\ j \neq o}}^{n} y_{rj} \lambda_j - s^+ = y_{ro}, r = 1, 2, \cdots, s$$

$$\sum_{\substack{j=1 \\ j \neq o}}^{n} \lambda_j = 1$$

$$\lambda_j \geqslant 0, \ j = 1, \ 2, \ \cdots, \ n \tag{3-6}$$

模型（3-5）与模型（3-6）中，超效率评价模型同传统 DEA 经典模型数学形式相似，不同的是在进行第 $j=o$ 个决策单元效率评价时，去掉对第 $j=o$ 个决策单元的产出与投入比的效率指标小于等于 1 的约束，即将第 $j=o$ 个决策单元排除在外，而传统 DEA 经典模型是将本单元包括在内的。对于非有效 DMU 而言，超效率 DEA 模型并不改变其生产前沿面，此时，超效率 DEA 模型的测算结果与相应 CCR 模型与 BCC 模型结果保持一致；对于有效 DMU 的测算，由于超效率 DEA 模型对生产前沿重新计算推移，其效率值必然不小于 1，其含义为该决策单元的投入如果提高到计算出的效率值比例时，该决策单元仍可在该集合内保持相对有效。

（2）阶段二：非导向 EBM 模型。生产过程常伴随着"非期望产出"的出现，而传统 DEA 模型不能将这些非期望产出考虑到效率评价中。随着 DEA 方法的不断发展，Tone 和 Tsutsui 于 2010 年提出了一个 DEA 方法下的新模型——EBM（Epsilon Based Measure）模型（高鸣、陈秋红，2014）。与 CRS 模型相比，SBM 模型和 EBM 模型放宽了关于"要素投入同比例增长（减少）"的约束，使效率评价结果更加真实。与 SBM 模型相比，EBM 模型可以有效解决 SBM 模型测算效率分值存在的问题。

2010 年，Tone 和 Tsutsui 提出综合径向和非径向特点的 EBM 模型。DMU_o 的非导向 EBM 模型规划式为：

$$\gamma^* = \min \frac{\theta_o - \varepsilon^- \dfrac{1}{\sum\limits_{i=1}^{m} \omega_i^-} \sum\limits_{i=1}^{m} \dfrac{\omega_i^- s_i^-}{x_{io}}}{\varphi_o + \varepsilon^+ \dfrac{1}{\sum\limits_{r=1}^{s} \omega_r^+} \sum\limits_{r=1}^{s} \dfrac{\omega_r^+ s_i^+}{y_{ro}}}$$

$$\text{subject to} \quad X\lambda - \theta x_{io} + s^- = 0$$

$$Y\lambda - \varphi y_{ro} - s^+ = 0$$

$$\lambda \geq 0, \ s^- \geq 0, \ s^+ \geq 0 \tag{3-7}$$

式（3-7）中，γ^* 是最优解，θ_o 和 φ_o 分别代表径向模型部分投入导向和产出导向对应的效率值；ω_i^- 表示第 i 个投入变量的权重，ω_r^+ 表示第 r 个产出变量的权重，ω_i^- 和 ω_r^+ 分别满足 $\sum_{i=1}^{m} \omega_i^- = 1$，$\sum_{r=1}^{s} \omega_r^+ = 1$；$s^-$ 和 s^+ 分别代表非径向部分投入和产出要素的松弛向量；ε^- 和 ε^+ 是关键参数，取值范围在 $[0, 1]$ 区间，ε^- 表示投入导向模型中非径向部分的重要程度，ε^+ 表示产出导向模型中非径向部分的重要程度，两者取 0 时，EBM 模型相当于径向模型，取 1 时 EBM 模型相当于 SBM 模型。

参数的确定如下：

DEA 模型是以数据为导向，因此 ε 和 w 取决于投入产出数据集合 (X, Y)。假定 $a \in R_+^n$ 和 $b \in R_+^n$ 是两个 n 维正向量，它们代表决策单元投入变量的观测值。Tone 和 Tsutsui（2010）定义了一个具有如下特征的相似性指标 $S(a, b)$（Affinity Index）：（1）$S(a, a) = 1$；（2）$S(a, b) = S(b, a)$；（3）$S(ta, b) = S(b, a)$；（4）$1 \geqslant S(b, a) \geqslant 0$。

进一步定义：$c_j = \ln\left(\dfrac{b_j}{a_j}\right)$，$\bar{c} = 1/n\left(\sum_{j=1}^{n} c_j\right)$，$c_{\max} = \max_j\{c_j\}$，$c_{\min} = \min_j\{c_j\}$。

再进一步地，Tone 和 Tsutsui（2010）又定义了异质性指标（Diversity Index）$D(a, b)$：

当 $c_{\max} > c_{\min}$ 时，$D(a, b) = \dfrac{\sum_{j=1}^{n} |c_j - \bar{c}|}{n(c_{\max} - c_{\min})}$

当 $c_{\max} < c_{\min}$ 时，$D(a, b) = 0$

并且有，$0 \leqslant D(a, b) = D(b, a) \leqslant \dfrac{1}{2}$，$S(a, b) = 1 - 2D(a, b)$。

通过上述界定，参数 ε 和 w 便能加以测算：

首先，投影所有的决策单元。在绝大多数的 DEA 模型中，生产的前沿面是由少数最有效率的决策单元组成的。为了提高测算的精准度，需要在 VRS（规模报酬可变）模型中对所有决策单元进行投影。依靠最优松弛变量 s^- 和 s^+，就能够测算出决策单元投入和产出的投影值：$\bar{x}_{i0} = x_{i0} - s_i^{-*}$，$\bar{y}_{i0} = y_{i0} - s_i^{+*}$。

其次，构筑相似矩阵。以各投入变量的投影值，构建相似矩阵 $S = [s_{ij}] \in R^{m \times m}$，其中 $s_{ij} = S(\bar{x}_i, \bar{x}_j)$，并且 $1 \geqslant s_{ij} \geqslant 0$。

再次，计算相似矩阵的最大特征值与特征向量。相似矩阵 S 是对称非负的，对角线元素均为 1，并且有 m 对特征值和特征向量。依据 Perron – Frobenius 定理，非负的相似矩阵 S 有与非负特征向量 w_x 相关的最大特征值 ρ_x，非负特征向量 w_x，即为投入向量的权重，并且 $m \geq \rho_x \geq 1$。

最后，测算 EBM 模型的 ε_x 和 w^-。其中：

当 $m > 1$ 时，$\varepsilon_x = \dfrac{m - \rho_x}{m - 1}$；$m = 1$ 时，$\varepsilon_x = 0$，$w^- = \dfrac{w_x}{\sum\limits_{i=1}^{m} w_{xi}}$。

3.1.1.2 中国城市商业银行的动态效率评价模型

瑞典经济学家和统计学家 Sten Malmquist（1953）提出用于消费分析的定量指数，以一个消费群体中的无差异曲线为参考集，应用输入距离函数比较分析多消费的群体差异，开启了 Malmquist 指数研究的先河。为了弥补 DEA 方法无法比较两个时期决策单元的效率变化的不足，Caves、Christensen 和 Diewert（1982）首次将 Malmquist 指数引入生产率评估理论中，并将其与 DEA 方法结合用于测算全要素生产率的变动值（Total Factor Productivity change，TFP – ch）。Nishimizu 和 Page（1982）在测度规模报酬可变情况效率的 BCC 模型基础上，首次应用 Malmquist 指数方法进行实证分析。在 DEA 方法的创立并广泛应用背景下，Fare 等（1994）根据 DEA 方法与前人的研究成果，基于规模收益不变的假设条件，将 Malmquist 指数进一步分解为效率改善和技术进步的乘积，并且应用非参数线性规划方法进行计算，使 Malmquist 指数中距离函数的计算简便、易行，从而促进了 Malmquist 生产率指数在效率分析领域的应用与推广。

计算原理是借助线性规划对 DEA 方法中每个决策单元的边界生产函数进行估算，进而测算其效率变化值与技术进步值。为科学、客观分析技术效率变动、技术变动和全要素变动之间的关系，Fare 等构造了从 t 期到 $t+1$ 期的 Malmquist 生产率指数 $M(x^{t+1}, y^{t+1}, x^t, y^t)$，并用三个经典公式用以说明：

$$M(x^{t+1}, y^{t+1}, x^t, y^t) = \sqrt{\frac{D^t(x^{t+1}, y^{t+1})}{D^t(x^t, y^t)} \times \frac{D^{t+1}(x^{t+1}, y^{t+1})}{D^{t+1}(x^t, y^t)}} \qquad (3-8)$$

式（3 – 8）中 $D^t(x^t, y^t)$，$D^t(x^{t+1}, y^{t+1})$ 分别代表以 t 期的技术为参考时，t 期和 $t+1$ 期决策单元的距离函数；$D^{t+1}(x^t, y^t)$ 和 $D^{t+1}(x^{t+1}, y^{t+1})$ 含义类似。

规模报酬可变（VRS）的假设下，Fare 等将 Malmquist 生产力指数分解为

技术效率变化指数（effch）和技术进步变化指数（techch）的乘积。得到式
（3-9）：

$$M(x^{t+1},\ y^{t+1},\ x^t,\ y^t) = \frac{D^{t+1}(x^{t+1},\ y^{t+1})}{D^t(x^t,\ y^t)} \times \sqrt{\frac{D^t(x^{t+1},\ y^{t+1})}{D^{t+1}(x^{t+1},\ y^{t+1})} \times \frac{D^t(x^t,\ y^t)}{D^{t+1}(x^t,\ y^t)}}$$

$$= \text{effch} \times \text{techch} \tag{3-9}$$

其中，技术效率变化指数 effch 测度了从 t 期到 $t+1$ 期相对技术效率的变化
程度，亦可称为"追赶效应"。effch > 1 指 DMU 在 $t+1$ 期与 $t+1$ 期前沿面的距
离相对于 t 期与 t 期前沿面的距离较近，说明相对效率提高，反之相反。技术进
步变动指数 techch 测度了从 t 期到 $t+1$ 期的技术生产边界的推移程度，亦可称作
"前沿面移动效应"。techch > 1 表示生产前沿面向外移动或生产前沿面向上移动，
即出现了技术进步，反之相反。

通过放松对式（3-8）和式（3-9）的规模报酬不变的假设，进一步将技
术效率变化指标分解为纯技术效率变化指数（pech）和规模效率变化指数
（sech），得到式（3-10）。

$$M(x^{t+1},\ y^{t+1},\ x^t,\ y^t) = \frac{D^{t+1}(x^{t+1},\ y^{t+1}\ |\ \text{VRS})}{D^t(x^t,\ y^t\ |\ \text{VRS})} \times$$

$$\left(\frac{D^{t+1}(x^{t+1},\ y^{t+1}\ |\ \text{CRS})}{D^{t+1}(x^{t+1},\ y^{t+1}\ |\ \text{VRS})} \times \frac{D^t(x^t,\ y^t\ |\ \text{VRS})}{D^t(x^t,\ y^t\ |\ \text{CRS})} \right) \times$$

$$\sqrt{\frac{D^t(x^{t+1},\ y^{t+1}\ |\ \text{CRS})}{D^{t+1}(x^{t+1},\ y^{t+1}\ |\ \text{CRS})} \times \frac{D^t(x^t,\ y^t\ |\ \text{CRS})}{D^{t+1}(x^t,\ y^t\ |\ \text{CRS})}}$$

$$= \text{pech} \times \text{sech} \times \text{techch} \tag{3-10}$$

式（3-10）中 $M(x^{t+1},\ y^{t+1},\ x^t,\ y^t) > 1$ 表示生产率水平提高，反之相
反。pech > 1 表示改进管理使效率提高；反之相反。sech > 1 表示 DMU 从长期来
看向最优规模靠近；反之相反。

3.1.2 中国城市商业银行效率研究的指标选择

3.1.2.1 投入产出指标的选取原理

研究银行效率的一个重要问题是投入和产出的界定，由于银行投入产出与一
般的生产型企业不同，产出具有非实物性、无形性、非同质性等特点，导致统计

银行产出有困难。学术界对银行投入产出指标的界定没有达到共识。目前，存在的主要方法有生产法（Production Approach）、中介法（Intermediation Approach）和资产法（Asset Approach）。

（1）生产法。最早提出生产法的是 Benston（1965），该方法把银行的经营活动看作一般企业的生产过程，认为银行是投入劳动和资本，生产各种存款和贷款的企业。生产法确定银行投入和产出项时，将投入的人力、物力、财力所对应的成本费用项目作为投入，将产生利润的各项金融服务的户数和件数等项目作为产出。生产法虽然剔除了通货膨胀可能造成的误差，不需要计算支出的利息费用，但是它忽略了服务于不同类型和不同主体的账户时银行营业成本和营业利润的不同，单纯将服务数量作为产出过于简单。使用该方法的主要有 Sherman 和 Gold（1985）、Berger 和 Humphrey（1997）。

（2）中介法。中介法由 Sealey 和 Lindley（1977）提出，Benston、Hanwerk 和 Humphrey（1982）进一步发展了该方法。中介法认为银行是提供金融服务的中介机构，即认为银行不是存款和贷款的生产者，而是存款人和投资人之间的资金中介者。中介法将生产成本（资产成本和劳动力）与吸纳用于转贷的介入性资金的成本（包括存款、劳动力、利息支出及有形资产成本等运营带来的耗费）作为投入，将贷款资金和其连带业务，主要包括各类贷款、投资的货币金额作为产出。中介法将产出项上的账户数量（件数）转为货币金额，在投入中增加了利息费用，与生产法相比，中介法在调整价格影响的条件下相对科学、合理。

（3）资产法。资产法是中介法的一种变形，它按照银行资产负债表中的项目划分来选择投入与产出指标，因此将存款作为银行的投入指标之一，而贷款和投资作为主要产出指标。在实际应用中，银行的投入指标为劳动力、资本和存款等，产出指标则以相应贷款和投资的货币金额衡量。

综上所述，在投入指标的选取上，生产法和中介法都选择银行的人力成本、固定资产成本和借入资金成本等指标，而资产法则选择资产负债表中的存款、借入款项等负债项作为投入指标。在产出指标的选择上，三种方法存在明显区别：生产法将给定时间内处理的交易与文档数量和类型，通常用贷款或者存款账户的数目作为产出，忽略了不同的账户对银行贡献不同的事实；中介法将银行看作金融中介服务机构，以银行存款、贷款作为银行的产出，考虑了账户金额的问题，但却忽视银行的其他投资收入；资产法则把银行资产负债表中资产方的项目作为产出，没有考虑银行经营的基础——存款。

目前，对于上述哪一种银行投入产出指标确定方法更合理并没有统一的说法，即使采用同一种方法，由于研究的重点和数据来源不同，投入产出指标的选取也不一定相同，各学者主要根据研究目标和算法来选择指标。但上述方法对投入产出指标设定的差异较大，如"资产法"与"生产法"将存款视为投入指标，而"中介法"将其视为产出指标。本书基于投入产出指标视角将生产法与中介法相结合，生产法将银行业类比一般制造业，认为银行是金融产品的生产者，强调收入支出的关系，将银行员工人数、所有者权益、一级资本净额和营业支出作为第一阶段的投入指标，将利息净收入、非利息收入、税前利润、净资产收益率和不良贷款率作为第二阶段的最终产出目标，中介法视角下，将存款总额和同行拆入资金作为中间指标，即作为第一阶段的产出指标，又作为第二阶段的投入指标。

3.1.2.2 中国城市商业银行效率研究的两阶段指标体系

由于研究对象和评价目标有差别，国内外很多学者运用 DEA 方法对商业银行效率问题进行研究时所选取的投入产出变量有所不同，并没有形成统一的标准。Seiford 和 Zhu（1999）对商业银行进行盈利能力效率评估时，选取员工人数、总资产和所有者权益作为投入，营业收入和利润作为产出。Lin、Lee 和 Chiu（2009）对商业银行经营效率进行评价时选取员工人数、利息成本、存款业务量和当前存款数量作为投入，利息收入、贷款业务数量、投资收益和营业收入作为产出。

自薛峰和杨德礼（1998）首次应用 DEA 方法对我国商业银行进行效率研究后，很多学者应用这种方法从不同角度对我国商业银行效率进行评价，但是根据研究目的不同选取的投入产出指标也各不相同，表 3 - 1 描述了具有代表性文献投入产出指标的选取结果。

综上可知，单阶段数据包络分析法下商业银行的投入产出指标一般涉及劳动力、固定资产、存款额、贷款额等。这些指标虽然可以表现银行业业务的一些细节，反映银行业的经营业绩，但不反映银行的市场价值以及获利情况。为了评估银行的经营业绩与市场获利表现，可以采用两阶段的分析方法，加入税后净利、利息净收入等指标。此外，在对城市商业银行进行效率研究时，对于将存款和贷款等作为投入还是产出的界定一直没有达成共识。从一定程度上来说，这是由于计量方法的限制。网络模型的出现使得可以根据商业银行的运营过程来计算其经营效率，虽然该理论还没有发展到可以对商业银行经营过程任意细化的程度，但是与现有 DEA 方法将整个商业银行看作黑箱处理相比更具有科学性。

表 3 - 1　我国商业银行效率研究文献投入产出指标选择

作者	研究期间	投入指标	产出指标
张权、张世英 (2004)	1999～2001 年	职工人数、营业费用	存款总额、利息收入
罗登跃 (2005)	2001～2002 年	机构数、职工人数、营业费用、核心资本	税前收益、资产收益率
迟国泰、杨德和、吴珊珊 (2006)	2002 年	银行人数、固定资产净值、营业支出、所有者权益，机构个数	当年新增贷款额、当年新增存款额、资本收益率、不良贷款下降率、营业收入
王灵华、薛晶 (2008)	2004～2006 年	员工人数、固定资产净值、各项支出	利息收入、非利息收入
高明 (2010)	2001～2008 年	所有者权益、人员投入、营业支出	利息收入、税前利润
赵一晓 (2012)	2004～2010 年	总资产、劳动力（一阶段投入）；存款、贷款（中间产出）	税前利润（二阶段产出）
李小胜、张焕明 (2015)	2004～2012 年	固定资产净值、股权资本、人员和上一期的不良贷款（一阶段投入）；吸收存款、贷款（中间产出）	贷款、不良贷款和投资（二阶段产出）

本书将城市商业银行经营过程分为比较简单的两个子阶段，即商业银行利用人力、物力、财力资源，一方面从社会上吸收存款、聚集资金，另一方面将集中的资金以发放贷款和投资的方式提供给需要资金的个人和部门。阶段一过程中，

城市商业银行利用现有的员工、权益资本和营业支出从其他金融机构获得存放在该行的资金或从顾客手中获得储蓄。阶段二过程为城市商业银行的获利过程，将阶段一聚集的资金提供给需要资金的个人、企业、机构或者从事投资活动。因此，以商业银行效率测度理论为基础，构建中国城市商业银行的两阶段效率评估体系，如图 3-1 所示。

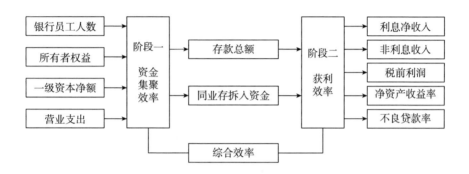

图 3-1 中国城市商业银行两阶段效率评价指标体系

两阶段的分析被定义为在第一阶段集聚资金与在第二阶段产生利润的获利，城市商业银行的综合效率为集聚资金效率与获利效率的乘积。第一阶段衡量银行的经营能力，选用三个投入指标和两个产出指标。银行可以产生收入是缘于拥有目前的劳动力、资产与资本等投入。因此，在投入变量的选择上，选取了银行员工人数、所有者权益、一级资本净额以及营业支出作为投入变量。商业银行作为高端服务业，我国商业银行多数业务流程主要依靠人工，劳动力是非常必要且重要的投入要素，影响商业银行的服务质量，继而影响商业银行的盈利能力，所以选取当年银行的全部职工人数作为第一投入指标。所有者权益是商业银行的净资产，对于商业银行来说代表其抵抗风险的能力，选取其作为第二个投入指标。净资本是衡量商业银行资本充足和资产流动性状况的一个综合性监管指标，是商业银行净资产中流动性较高、可快速变现的部分，它表明商业银行可随时用于变现以满足支付需要的资金数额，代表着城市商业银行偿付能力与防范流动性风险能力，因此选取一级资本净额阶段一的第三投入指标。营业支出是商业银行可以进行经营活动的成本支出，本书选取的营业支出是损益表中各项支出之和。第一阶段产出（阶段二投入）指标包括两个：存款总额与同业存拆入资金，原因在于：存款属于客户和企业等非金融机构的存款，同业存拆入资金也可以看作是银行等金融机构的"存款"，同样属于银行的低成本资金，在银行资产负债表中属于银行的生息资产。另外，银行作为提供金融服务的一个企业，存款相当于该企业的"原材料"，没有存款就没有信贷和其他投资活动，所以银行需要相当数量的存款作为投资资金的来源。第二阶段的产出指标包括：利息净收入、非利息收入、税前利润、净资产收益率和不良贷款率。我国现阶段银行经营主要还是以传统业务为主，净利息收入等于利息收入与利息支出的差，代表城市商业银行最基本、最重要的职能之一，是城市商业银行最重要的收入来源，反映了银行存贷款的经营成果，另外也反映了银行贷款质量。非利息收入作为产出指标的原因在于，银行不仅从事投资活动，而且还会或多或少从事些中间业务活动。但是中间业务在资产负债表上没有得到反映，所以非利息收入能更加全面地反映银行的产出。为了避开我国各地区税收政策及税率不同的影响，选取税前利润作为输出指标衡量城市商业银行的经营状况，反映城市商业银行总体收入。净资产收益率又称股东权益报酬率/净值报酬率/权益报酬率/权益利润率/净资产利润率，是净利润与平均股东权益的百分比，是城市商业银行税后利润除以净资产得到的百分比率，该指标反映股东权益的收益水平，用以衡量公司运用自有资本的效率。指标值越高，说明投资带来的收益越高。该指标体现了自有资本获得净收益的能力。不良贷款在城市商业银行贷款活动中产生的是非合意产出，不良贷款越少越好，忽视不良贷款率可能导致商业银行效率测度产生偏差。

3.1.3 实证分析及结果

根据数据的可获得性以及分析的可靠性，本书的实证分析选择的决策单元为2012～2016年中国30个省份的116家城市商业银行，如表3－2所示。这116家银行的资产总额与业务总量都涵盖了我国城市商业银行业的绝大部分，具有很强的全面性与代表性，这些银行的效率状况在某种程度上可以反映中国城市商业银行业效率的总体情况。

表 3 - 2 中国 116 家城市商业银行样本

省份	城市商业银行
北京市	北京银行
天津市	天津银行
河北省	河北银行、廊坊银行、张家口银行、唐山银行、沧州银行、承德银行、邯郸银行、衡水银行、秦皇岛银行
辽宁省	盛京银行、锦州银行、丹东银行、抚顺银行、朝阳银行、葫芦岛银行、盘锦银行、本溪市商业银行、大连银行、营口银行、阜新银行、鞍山银行、辽阳银行
上海市	上海银行
江苏省	江苏银行、南京银行、江苏长江银行
浙江省	宁波银行、杭州银行、温州银行、浙江稠州商业银行、台州银行、绍兴银行、浙江泰隆商业银行、金华银行、宁波商通银行、嘉兴银行、湖州银行、浙江民泰商业银行
福建省	厦门国际银行、厦门银行、福建海峡银行、泉州银行
山东省	青岛银行、齐商银行、临商银行、莱商银行、东营银行、烟台银行、泰安银行、济宁银行、枣庄银行、齐鲁银行、威海市商业银行、日照银行、潍坊银行
广东省	广州银行、东莞银行、广东南粤银行、珠海华润银行、广东华兴银行
河南省	中原银行、郑州银行、洛阳银行、平顶山银行、焦作市商业银行
湖北省	汉口银行、湖北银行
湖南省	长沙银行、华融湘江银行
江西省	江西银行、九江银行、赣州银行
安徽省	徽商银行
山西省	晋城银行、大同市商业银行、长治银行、晋商银行
吉林省	吉林银行
黑龙江省	哈尔滨银行、龙江银行
内蒙古自治区	包商银行、内蒙古银行、乌海银行
广西壮族自治区	桂林银行、广西北部湾银行、柳州银行
四川省	成都银行、南充市商业银行、德阳银行、乐山市商业银行、攀枝花市商业银行、绵阳市商业银行、自贡市商业银行、泸州市商业银行、遂宁市商业银行、宜宾市商业银行、凉山州商业银行、达州市商业银行
重庆市	重庆银行、重庆三峡银行
贵州省	贵州银行、贵阳银行
云南省	富滇银行、曲靖市商业银行

省份	城市商业银行
陕西省	长安银行、西安银行
甘肃省	甘肃银行、兰州银行
青海省	青海银行
宁夏回族自治区	宁夏银行
新疆维吾尔自治区	昆仑银行、乌鲁木齐商业银行、石嘴山银行
西藏自治区	西藏银行

中国城市商业银行的两阶段效率评价过程中，银行员工人数、所有者权益、一级资本净额、营业支出、存款总额、同业拆入资金、利息净收入、非利息收入、税前利润、净资本收益率和不良贷款率指标数据来源于 2012～2016 年 Wind 数据库、《中国金融年鉴》以及各城市商业银行年报、资产负债表和损益表，描述性统计如表 3 - 3 所示。

从研究期间数据来看，中国 116 家城市商业银行的银行员工人数、所有者权益、一级资本净额、营业支出、存款总额、同业拆入资金、利息净收入和税前利润八个指标均呈显著上升趋势，如所有者权益和税前利润的均值分别从 2012 年的 66.468 亿元和 16.511 亿元上升至 2016 年的 150.888 亿元和 23.767 亿元，年均复合增长分别达 17.82% 和 7.56%。样本期间各指标间的数据差值也非常大，如 2012 年的银行员工人数最大值为 12864 人，最小值为 74 人，两者相差 173 倍。

非利息收入方面，其均值呈现倒 U 形，2014 年峰值时达 17.714 亿元；净资产收益率的均值则呈递减趋势，从 2012 年的 33.3% 降至 2016 年的 12.8%；不良贷款率均值则在 0.9%～1.6% 变动。

3.1.4　中国城市商业银行的 DEA 静态效率分析

DEA 模型分为投入导向和产出导向两种模式，投入导向是指投入量可以控制，即将现有产出固定来计算投入要素可以缩减的部分。产出导向是将现有投入固定，追求产出的极大化。由于投入导向是将投入作一定比例的缩减，让无效决策单元向生产前沿面移动，本书从经营的视角来看，对于商业银行来说控制投入

表 3-3 2012~2016 年各变量的描述性统计分析

年份		阶段一投入指标				中间产出		阶段二产出指标				
		银行员工人数	所有者权益	一级资本净额	营业支出	存款总额	同业拆入资金	利息净收入	非利息收入	税前利润	净资本收益率	不良贷款率
2012	最大值	12864	716.946	713.493	90.483	7121.979	2621.192	166.721	109.851	149.246	0.744	0.420
	最小值	74	6.845	6.220	0.748	33.915	0.003	0.683	0.001	1.000	0.001	0.000
	平均值	1991	66.468	65.182	11.390	720.631	143.437	18.674	10.378	16.511	0.333	0.012
	标准差	2096	88.625	88.040	14.033	1016.348	326.739	24.770	15.278	19.963	0.136	0.039
2013	最大值	13400	782.101	774.647	99.641	8322.502	3378.202	180.160	127.738	167.717	1.475	0.031
	最小值	160	8.104	7.943	1.191	48.106	0.054	1.000	0.023	0.118	0.004	0.000
	平均值	2300	81.202	79.699	13.437	867.069	199.956	23.704	13.550	17.249	0.189	0.009
	标准差	2232	105.384	104.226	15.613	1171.080	424.300	27.970	18.099	23.409	0.137	0.006
2014	最大值	13812	963.167	934.615	115.720	9212.665	3373.789	226.002	152.691	203.268	0.317	0.049
	最小值	160	9.429	9.179	1.618	86.690	0.028	1.000	0.070	1.253	0.013	0.001
	平均值	2662	103.389	101.250	16.194	999.814	241.277	38.594	17.714	19.875	0.166	0.012
	标准差	2546	133.491	130.363	17.764	1330.075	501.281	33.590	23.081	27.338	0.056	0.007
2015	最大值	14168	1164.644	1133.120	149.156	10211.335	4324.047	357.436	102.386	209.512	0.268	0.037
	最小值	160	10.889	10.517	2.156	132.309	0.018	1.000	1.000	0.801	0.008	0.001
	平均值	2848	127.467	124.779	18.904	1175.124	304.128	43.528	10.431	21.377	0.138	0.015
	标准差	2585	163.612	159.653	21.293	1503.159	631.537	51.222	16.231	29.869	0.051	0.006
2016	最大值	14552	1421.120	1389.649	130.693	11504.941	3808.880	371.207	99.929	219.122	0.367	0.028
	最小值	160	12.073	11.596	1.929	129.394	0.000	3.237	1.000	1.277	0.044	0.001
	平均值	3202	150.888	147.100	18.406	1396.568	316.584	46.069	9.729	23.767	0.128	0.016
	标准差	2930	200.038	194.734	20.506	1742.340	611.543	55.544	15.279	32.363	0.048	0.005

的减少比追求产出的增加更容易实现，所以研究基于投入导向。本节对 2012 ~ 2016 年中国城市商业银行静态效率进行两阶段综合分析，第一阶段采用超效率 DEA 模型分析，第二阶段采用 EBM 模型分析，各城市商业银行的静态效率值等于第一阶段 SE - DEA 模型效率值与第二阶段 EBM 模型效率值的乘积。运用两阶段 DEA 法对 2012 ~ 2016 年我国 116 家城市商业银行各年度的投入和产出数据进行截面数据分析，计算结果均通过 MAXDEA 软件获得，具体情况如表 3 - 4 至表 3 - 8所示。

表 3 - 4　2012 年中国 115 家城市商业银行两阶段综合效率结果

银行	资金集聚效率	获利效率	综合效率	银行	资金集聚效率	获利效率	综合效率
北京银行	0.8171	1.0000	0.8171	东莞银行	0.6581	0.7585	0.4992
天津银行	0.8658	0.4855	0.4203	广东南粤银行	0.5258	0.5961	0.3134
河北银行	0.6135	0.5674	0.3481	珠海华润银行	0.5265	0.5390	0.2838
廊坊银行	0.7499	0.3976	0.2982	广东华兴银行	0.2576	1.0000	0.2576
张家口银行	0.6704	0.8508	0.5704	郑州银行	0.6531	0.6941	0.4533
唐山银行	1.0080	1.0000	1.0080	洛阳银行	0.7167	0.7819	0.5604
沧州银行	0.6575	0.9781	0.6431	平顶山银行	0.4881	1.0000	0.4881
承德银行	0.6664	0.8913	0.5940	焦作市商业银行	0.5407	0.5645	0.3052
邯郸银行	0.7020	0.6550	0.4598	汉口银行	0.6499	0.6212	0.4037
衡水银行	0.5642	1.0000	0.5642	湖北银行	0.5705	0.6644	0.3790
秦皇岛银行	0.8540	0.6194	0.5290	长沙银行	0.9283	0.5740	0.5328
盛京银行	1.3105	0.5547	0.7269	华融湘江银行	0.5794	1.0000	0.5794
锦州银行	0.5467	0.5312	0.2904	江西银行	0.5644	0.7519	0.4244
丹东银行	0.6844	0.6757	0.4624	九江银行	0.8754	1.0000	0.8754
抚顺银行	0.4786	0.8426	0.4033	赣州银行	0.8381	0.7247	0.6074
朝阳银行	0.5673	1.0000	0.5673	徽商银行	0.7329	1.0000	0.7329
葫芦岛银行	0.6548	0.4212	0.2758	晋城银行	0.5535	0.7827	0.4332
盘锦银行	0.6641	0.4265	0.2832	大同市商业银行	1.5537	0.4748	0.7377
本溪市商业银行	0.6947	0.4592	0.3190	长治银行	0.6547	0.6462	0.4231
大连银行	0.9599	0.6396	0.6140	吉林银行	0.7249	0.6582	0.4771
营口银行	0.2826	1.0000	0.2826	哈尔滨银行	0.6949	0.6256	0.4347

银行	资金集聚效率	获利效率	综合效率	银行	资金集聚效率	获利效率	综合效率
阜新银行	0.6907	0.4665	0.3222	龙江银行	0.7669	0.6228	0.4776
鞍山银行	0.6998	0.9027	0.6317	包商银行	0.4937	1.0000	0.4937
辽阳银行	0.7683	0.6249	0.4801	内蒙古银行	0.4120	0.7278	0.2999
上海银行	0.8903	0.6003	0.5344	乌海银行	0.5768	1.0000	0.5768
江苏银行	0.8638	0.9673	0.8356	桂林银行	0.8870	0.5882	0.5217
南京银行	0.6239	0.6658	0.4154	广西北部湾银行	0.4889	1.0000	0.4889
江苏长江银行	0.5316	0.6123	0.3255	柳州银行	0.5971	0.8810	0.5260
宁波银行	0.6169	0.8278	0.5107	成都银行	0.8473	0.5139	0.4354
杭州银行	0.8208	0.6686	0.5488	南充市商业银行	0.9996	0.8257	0.8254
温州银行	0.6142	0.4622	0.2839	德阳银行	0.7441	0.9686	0.7207
浙江稠州商业银行	0.5074	0.7204	0.3655	乐山市商业银行	0.7362	0.6911	0.5088
台州银行	0.4909	1.0000	0.4909	攀枝花市商业银行	0.8319	1.0000	0.8319
绍兴银行	0.6845	0.4613	0.3158	绵阳市商业银行	0.7477	0.7107	0.5314
浙江泰隆商业银行	0.4679	0.8145	0.3811	自贡市商业银行	0.8031	0.6071	0.4876
金华银行	0.7217	0.4779	0.3449	泸州市商业银行	0.7018	1.0000	0.7018
宁波商通银行	2.5332	0.4246	1.0756	遂宁市商业银行	0.6925	0.8645	0.5987
嘉兴银行	0.6086	0.5487	0.3339	宜宾市商业银行	0.5299	0.6214	0.3293
湖州银行	0.5216	0.6800	0.3547	凉山州商业银行	0.7256	1.0000	0.7256
浙江民泰商业银行	0.4449	0.7249	0.3225	达州市商业银行	0.3854	1.0000	0.3854
厦门国际银行	1.2103	0.3933	0.4760	重庆银行	0.7894	0.8256	0.6517
厦门银行	0.8496	0.4568	0.3881	重庆三峡银行	0.6765	0.7023	0.4751
福建海峡银行	0.5434	0.5814	0.3159	贵州银行	0.7472	0.7954	0.5943
泉州银行	0.5728	0.6036	0.3457	贵阳银行	0.7740	0.6311	0.4885
青岛银行	0.5687	0.5654	0.3215	富滇银行	0.6967	0.5171	0.3603
齐商银行	0.5981	0.6492	0.3883	曲靖市商业银行	0.7924	0.7733	0.6128
临商银行	0.7863	0.6203	0.4877	长安银行	0.5995	0.6856	0.4110
莱商银行	0.4790	0.7899	0.3784	晋商银行	0.6588	0.6102	0.4020
东营银行	0.6069	1.0000	0.6069	西安银行	0.8580	0.5195	0.4457
烟台银行	0.6534	0.5053	0.3302	甘肃银行	0.5928	0.6468	0.3834
泰安银行	0.6921	0.4839	0.3349	兰州银行	0.8983	0.6436	0.5781

银行	资金集聚效率	获利效率	综合效率	银行	资金集聚效率	获利效率	综合效率
济宁银行	0.4921	1.0000	0.4921	青海银行	0.8606	0.8164	0.7026
枣庄银行	0.6299	0.6815	0.4293	宁夏银行	0.5485	0.7797	0.4277
齐鲁银行	0.6996	1.0000	0.6996	昆仑银行	4.6864	0.6713	3.1460
威海市商业银行	0.7417	0.5385	0.3994	乌鲁木齐商业银行	0.7017	0.5797	0.4068
日照银行	0.6440	0.9100	0.5860	石嘴山银行	0.6360	0.9169	0.5831
潍坊银行	0.5540	0.6446	0.3571	西藏银行	0.7780	1.0000	0.7780
广州银行	1.0935	1.0000	1.0935	均值	0.7398	0.7240	0.5208

注：中原银行于 2014 年成立，故表中为 115 家城市商业银行。

2012 年资金集聚效率的平均值为 0.7398，相对资金集聚效率值最高的 5 家银行是昆仑银行、宁波商通银行、大同市商业银行、盛京银行与厦门国际银行，其相对效率值分别为 4.6864、2.5332、1.5537、1.3105 和 1.2103；相对资金集聚效率最低的 5 家银行为浙江泰隆商业银行、浙江民泰商业银行、内蒙古银行、营口银行和广东华兴银行，其相对效率分别为 0.4679、0.4449、0.4120、0.2826 和 0.2576。高于资金集聚效率平均值的银行有 38 家，包括唐山银行、广州银行、北京银行、天津银行、秦皇岛银行、大连银行、上海银行与江苏银行等。

获利效率的平均值为 0.7240，相对获利效率值为 DEA 有效的有 23 家银行，包括唐山银行、衡水银行、北京银行、西藏银行、乌海银行、包商银行、徽商银行、九江银行、广州银行和平顶山银行等。与资金集聚相对效率值为 DEA 有效的银行数仅为 7 家相比，可知城市商业银行在获利阶段比资金集聚阶段的效率更为集中有效，也反映出了城市商业银行普遍都更加重视获利阶段的投入产出指标。

从两阶段综合效率的角度来看，综合效率最高的 5 家银行是唐山银行、宁波商通银行、广州银行、昆仑银行和九江银行，综合效率最低的 5 家银行是葫芦岛银行、盘锦银行、营口银行、珠海华润银行和广东华兴银行。

表 3 – 5 2013 年中国 115 家城市商业银行两阶段综合效率结果

银行	资金集聚效率	获利效率	综合效率	银行	资金集聚效率	获利效率	综合效率
北京银行	0.9096	1.0000	0.9096	东莞银行	0.7868	0.5675	0.4465
天津银行	0.9439	0.6488	0.6124	广东南粤银行	0.6743	1.0000	0.6743
河北银行	0.7494	0.9403	0.7047	珠海华润银行	0.6717	0.4725	0.3174
廊坊银行	0.5514	0.4953	0.2731	广东华兴银行	0.4745	1.0000	0.4745
张家口银行	0.7451	1.0000	0.7451	郑州银行	0.7583	0.9745	0.7390
唐山银行	1.0880	1.0000	1.0880	洛阳银行	0.7222	0.7294	0.5268
沧州银行	0.8472	0.6290	0.5329	平顶山银行	0.6148	1.0000	0.6148
承德银行	0.7734	1.0000	0.7734	焦作市商业银行	0.5728	0.8628	0.4942
邯郸银行	0.6890	0.7848	0.5407	汉口银行	0.6928	0.8015	0.5553
衡水银行	0.6532	0.7805	0.5098	湖北银行	0.6370	0.7929	0.5051
秦皇岛银行	1.0568	0.6217	0.6570	长沙银行	0.9513	0.9381	0.8924
盛京银行	1.0207	1.0000	1.0207	华融湘江银行	0.5951	1.0000	0.5951
锦州银行	0.6844	0.5875	0.4021	江西银行	0.5899	0.7616	0.4493
丹东银行	0.6871	0.6334	0.4352	九江银行	0.9742	1.0000	0.9742
抚顺银行	0.4984	1.0000	0.4984	赣州银行	0.8703	1.0000	0.8703
朝阳银行	0.6047	0.9755	0.5899	徽商银行	0.7093	1.0000	0.7093
葫芦岛银行	0.6196	0.5359	0.3320	晋城银行	0.6124	1.0000	0.6124
盘锦银行	0.6788	0.5534	0.3756	大同市商业银行	1.2542	0.4670	0.5857
本溪市商业银行	0.6917	0.6089	0.4212	长治银行	0.6506	0.6750	0.4392
大连银行	0.9999	0.4756	0.4756	吉林银行	0.8266	0.6274	0.5186
营口银行	0.3715	1.0000	0.3715	哈尔滨银行	0.7221	0.7099	0.5126
阜新银行	0.7930	0.4770	0.3783	龙江银行	0.6709	0.7271	0.4878
鞍山银行	0.7801	0.4845	0.3780	包商银行	0.5126	1.0000	0.5126
辽阳银行	0.8384	0.5137	0.4307	内蒙古银行	0.4267	0.7114	0.3036
上海银行	0.8515	0.7637	0.6503	乌海银行	0.6331	1.0000	0.6331
江苏银行	0.8095	0.8421	0.6817	桂林银行	1.2088	0.6416	0.7756
南京银行	0.7268	0.7563	0.5497	广西北部湾银行	0.4947	0.9837	0.4866
江苏长江银行	0.6422	1.0000	0.6422	柳州银行	0.6498	1.0000	0.6498
宁波银行	0.6908	0.8373	0.5784	成都银行	0.8284	0.5911	0.4897
杭州银行	0.7924	0.6395	0.5067	南充市商业银行	0.8426	1.0000	0.8426
温州银行	0.6656	0.5775	0.3844	德阳银行	0.8293	0.6443	0.5343

续表

银行	资金集聚效率	获利效率	综合效率	银行	资金集聚效率	获利效率	综合效率
浙江稠州商业银行	0.4977	0.7124	0.3546	乐山市商业银行	0.5996	1.0000	0.5996
台州银行	0.5461	1.0000	0.5461	攀枝花市商业银行	0.7957	1.0000	0.7957
绍兴银行	0.6923	0.4442	0.3075	绵阳市商业银行	0.7999	0.7395	0.5915
浙江泰隆商业银行	0.6301	0.8897	0.5606	自贡市商业银行	0.6642	0.6573	0.4366
金华银行	0.7988	0.5132	0.4099	泸州市商业银行	0.7936	1.0000	0.7936
宁波商通银行	0.5909	0.8228	0.4862	遂宁市商业银行	0.7774	1.0000	0.7774
嘉兴银行	0.7201	0.5353	0.3855	宜宾市商业银行	0.6451	0.7156	0.4616
湖州银行	0.6322	0.6247	0.3949	凉山州商业银行	0.7713	1.0000	0.7713
浙江民泰商业银行	0.5760	0.7831	0.4511	达州市商业银行	0.8272	0.8180	0.6766
厦门国际银行	1.4708	0.6196	0.9113	重庆银行	0.7517	0.7828	0.5884
厦门银行	0.9434	0.4831	0.4558	重庆三峡银行	0.7451	0.9198	0.6853
福建海峡银行	0.6342	0.5214	0.3307	贵州银行	0.6748	0.9130	0.6161
泉州银行	0.5766	0.5760	0.3321	贵阳银行	0.9158	1.0000	0.9158
青岛银行	0.7066	0.6867	0.4852	富滇银行	0.7428	0.5395	0.4007
齐商银行	0.6855	0.5565	0.3815	曲靖市商业银行	0.6979	1.0000	0.6979
临商银行	0.9281	0.6401	0.5941	长安银行	0.6866	0.9432	0.6476
莱商银行	0.5656	0.6631	0.3750	晋商银行	0.7314	0.8095	0.5921
东营银行	0.642	0.7226	0.4639	西安银行	0.8497	0.6499	0.5522
烟台银行	0.7367	0.6884	0.5071	甘肃银行	0.7404	0.4591	0.3399
泰安银行	0.7056	0.5596	0.3949	兰州银行	0.7618	0.5674	0.4322
济宁银行	0.6274	1.0000	0.6274	青海银行	0.8561	0.9381	0.8031
枣庄银行	0.6725	1.0000	0.6725	宁夏银行	0.5891	0.8102	0.4773
齐鲁银行	0.8389	0.5240	0.4396	昆仑银行	10.1259	0.7066	7.1550
威海市商业银行	0.9163	0.5352	0.4904	乌鲁木齐商业银行	0.6416	0.6071	0.3895
日照银行	0.6424	1.0000	0.6424	石嘴山银行	0.6456	1.0000	0.6456
潍坊银行	0.6052	0.5791	0.3505	西藏银行	1.0708	1.0000	1.0708
广州银行	1.1340	1.0000	1.1340	均值	0.8220	0.7748	0.6267

注：中原银行于 2014 年成立，故表中为 115 家城市商业银行。

2013 年城市商业银行的资金集聚效率的平均值为 0.8220，高于 2012 年的资金集聚效率均值 0.7398。其中，相对资金集聚效率值大于等于 1 的城市商业银行有9家，包括唐山银行、秦皇岛银行、盛京银行、厦门国际银行、广州银行、大同市商业银行、桂林银行、昆仑银行和西藏银行。相对资金集聚效率值最低的5家银行为营口银行、浙江稠州商业银行、广东华兴银行、内蒙古银行和广西北部湾银行。

获利效率的平均值为0.7748，整体上高于2012年的获利效率均值0.7240。相对获利效率值为DEA有效的城市商业银行为34家，包括北京银行、张家口银行、唐山银行、盛京银行、营口银行、江苏长江银行和日照银行等。相对获利效率值最低的5家银行是阜新银行、绍兴银行、珠海华润银行、大同市商业银行和甘肃银行。

综合效率值大于等于1的城市商业银行是昆仑银行、唐山银行、盛京银行、广州银行和西藏银行，昆仑银行比其他银行的综合效率高很多，拉高了平均值，使大部分银行的综合效率低于平均值。综合效率最低的5家银行为廊坊银行、绍兴银行、福建海峡银行、珠海华润银行和内蒙古银行。

表3-6　2014年中国116家城市商业银行两阶段综合效率结果

银行	资金集聚效率	获利效率	综合效率	银行	资金集聚效率	获利效率	综合效率
北京银行	0.8616	1.0000	0.8616	广东南粤银行	0.6252	0.4867	0.3043
天津银行	0.7880	0.4815	0.3794	珠海华润银行	0.6510	0.4289	0.2792
河北银行	0.7740	0.5141	0.3979	广东华兴银行	0.5366	0.4876	0.2616
廊坊银行	0.9286	0.3329	0.3091	中原银行	0.3986	0.6692	0.2667
张家口银行	0.8445	1.0000	0.8445	郑州银行	0.7722	0.8725	0.6737
唐山银行	0.9622	1.0000	0.9622	洛阳银行	0.7118	0.7476	0.5321
沧州银行	0.7149	1.0000	0.7149	平顶山银行	0.5081	0.6210	0.3155
承德银行	0.7834	1.0000	0.7834	焦作市商业银行	0.4434	0.6562	0.2910
邯郸银行	0.7223	0.7088	0.5120	汉口银行	0.5578	0.5113	0.2852
衡水银行	0.6494	1.0000	0.6494	湖北银行	0.5742	0.5233	0.3005
秦皇岛银行	1.0719	0.6261	0.6711	长沙银行	0.7398	0.6555	0.4849
盛京银行	0.8833	1.0000	0.8833	华融湘江银行	0.6687	0.6705	0.4484
锦州银行	0.6949	0.4376	0.3041	江西银行	0.6457	0.6019	0.3886
丹东银行	0.6095	0.6023	0.3671	九江银行	1.1018	0.7745	0.8533

续表

银行	资金集聚效率	获利效率	综合效率	银行	资金集聚效率	获利效率	综合效率
抚顺银行	0.5034	0.7120	0.3584	赣州银行	0.8777	0.7140	0.6267
朝阳银行	0.5712	0.7360	0.4204	徽商银行	0.6382	1.0000	0.6382
葫芦岛银行	0.5835	0.5093	0.2972	晋城银行	0.6053	0.8108	0.4908
盘锦银行	0.7902	0.6928	0.5475	大同市商业银行	1.1369	0.5719	0.6502
本溪市商业银行	0.6171	0.6796	0.4194	长治银行	0.6064	0.7030	0.4263
大连银行	0.9935	0.3233	0.3212	吉林银行	0.8340	0.5422	0.4522
营口银行	0.3075	1.0000	0.3075	哈尔滨银行	0.5546	0.6340	0.3516
阜新银行	0.6332	0.4705	0.2979	龙江银行	0.6034	0.5108	0.3082
鞍山银行	0.7403	0.3831	0.2836	包商银行	0.7225	1.0000	0.7225
辽阳银行	0.7503	0.4319	0.3241	内蒙古银行	0.4783	0.4249	0.2032
上海银行	0.8048	0.8011	0.6447	乌海银行	0.5694	0.7281	0.4146
江苏银行	0.8226	0.6439	0.5297	桂林银行	1.1537	0.5864	0.6765
南京银行	0.7903	0.7316	0.5782	广西北部湾银行	0.4052	0.6119	0.2479
江苏长江银行	0.6825	1.0000	0.6825	柳州银行	0.4992	0.6750	0.3370
宁波银行	0.6190	0.7804	0.4831	成都银行	0.7710	0.5607	0.4323
杭州银行	0.7155	0.4420	0.3163	南充市商业银行	0.6507	1.0000	0.6507
温州银行	0.5976	0.4221	0.2522	德阳银行	0.5578	0.5241	0.2923
浙江稠州商业银行	0.5477	0.7061	0.3867	乐山市商业银行	0.5228	0.8085	0.4227
台州银行	0.5623	1.0000	0.5623	攀枝花市商业银行	0.5788	0.6254	0.3620
绍兴银行	0.6321	0.4056	0.2564	绵阳市商业银行	0.6474	0.6716	0.4348
浙江泰隆商业银行	0.6295	0.7892	0.4968	自贡市商业银行	0.6382	0.5606	0.3578
金华银行	0.6692	0.4448	0.2977	泸州市商业银行	0.7594	1.0000	0.7594
宁波商通银行	0.3873	0.6251	0.2421	遂宁市商业银行	0.7393	0.9699	0.7170
嘉兴银行	0.6439	0.4956	0.3191	宜宾市商业银行	0.6368	0.9977	0.6353
湖州银行	0.7570	0.6521	0.4936	凉山州商业银行	0.6294	1.0000	0.6294
浙江民泰商业银行	0.6740	0.5473	0.3689	达州市商业银行	0.3934	1.0000	0.3934
厦门国际银行	1.2650	0.4143	0.5241	重庆银行	0.7227	0.6350	0.4589
厦门银行	0.7309	0.3714	0.2715	重庆三峡银行	0.7116	0.8985	0.6394
福建海峡银行	0.6332	0.3722	0.2357	贵州银行	0.6437	0.5443	0.3504
泉州银行	0.486	0.4378	0.2128	贵阳银行	0.8049	0.6723	0.5411
青岛银行	0.6665	0.5905	0.3936	富滇银行	0.5124	0.6084	0.3117

续表

银行	资金集聚效率	获利效率	综合效率	银行	资金集聚效率	获利效率	综合效率
齐商银行	0.5845	0.3947	0.2307	曲靖市商业银行	0.6899	1.0000	0.6899
临商银行	0.6217	0.4648	0.2890	长安银行	0.6082	0.5986	0.3641
莱商银行	0.6861	0.5236	0.3592	晋商银行	0.6756	0.4644	0.3137
东营银行	0.6066	0.6452	0.3914	西安银行	0.7686	0.6142	0.4721
烟台银行	0.6381	0.8902	0.5680	甘肃银行	0.7246	0.4135	0.2996
泰安银行	0.9291	0.5079	0.4719	兰州银行	0.8531	0.4578	0.3905
济宁银行	0.6075	0.8588	0.5217	青海银行	0.6865	0.7682	0.5274
枣庄银行	0.6464	1.0000	0.6464	宁夏银行	0.5846	0.6454	0.3773
齐鲁银行	0.8633	0.4064	0.3508	昆仑银行	14.6615	0.8068	11.8289
威海市商业银行	0.7108	0.5723	0.4068	乌鲁木齐商业银行	0.5859	0.6438	0.3772
日照银行	0.5652	0.6926	0.3915	石嘴山银行	0.5825	0.8416	0.4902
潍坊银行	0.5252	0.4478	0.2352	西藏银行	1.0978	1.0000	1.0978
广州银行	0.8258	0.9075	0.7494	均值	0.8074	0.6695	0.5566
东莞银行	0.6965	0.4828	0.3363				

2014 年资金集聚效率的平均值为 0.8074，相对资金集聚效率值最高的 5 家银行是昆仑银行、桂林银行、九江银行、大同市商业银行和厦门国际银行，其相对效率值分别为 14.6615、1.1537、1.1018、1.1369 和 1.2650；相对资金集聚效率最低的 5 家银行为营口银行、宁波商通银行、中原银行、达州市商业银行和广西北部湾银行，其相对效率分别为 0.3075、0.3873、0.3986、0.3934 和 0.4052。高于资金集聚效率平均值的银行有 20 家，包括北京银行、廊坊银行、张家口银行、唐山银行、盛京银行、大连银行、江苏银行、齐鲁银行和广州银行等。

获利效率的平均值为 0.6695，相对获利效率值为 DEA 有效的城市商业银行为 19 家，包括北京银行、张家口银行、唐山银行、沧州银行、江苏长江银行、达州市商业银行、曲靖市商业银行和西藏银行等。相对获利效率值最低的 5 家银行是廊坊银行、大连银行、鞍山银行、厦门银行和福建海峡银行。

综合效率值大于等于 1 的 2 家城市商业银行是昆仑银行和西藏银行。综合效率最低的5家银行为内蒙古银行、泉州银行、齐商银行、潍坊银行和福建海峡银行。

表3-7 2015年中国116家城市商业银行两阶段综合效率结果

银行	资金集聚效率	获利效率	综合效率	银行	资金集聚效率	获利效率	综合效率
北京银行	1.3676	1.0000	1.3676	广东南粤银行	0.7428	0.5689	0.4226
天津银行	1.0065	0.5363	0.5398	珠海华润银行	0.7307	0.6302	0.4605
河北银行	0.6910	0.6310	0.4360	广东华兴银行	0.6974	0.3805	0.2654
廊坊银行	1.0207	0.4072	0.4156	中原银行	0.4119	0.8108	0.3340
张家口银行	0.7505	0.6425	0.4822	郑州银行	0.7318	0.7428	0.5436
唐山银行	1.0193	1.0000	1.0193	洛阳银行	0.7230	0.8670	0.6268
沧州银行	0.8598	1.0000	0.8598	平顶山银行	0.5112	0.7413	0.3790
承德银行	0.8265	1.0000	0.8265	焦作市商业银行	0.5601	0.7010	0.3926
邯郸银行	0.8141	0.7255	0.5906	汉口银行	0.5920	0.6420	0.3801
衡水银行	0.5974	1.0000	0.5974	湖北银行	0.6287	0.6054	0.3806
秦皇岛银行	0.9112	0.7918	0.7215	长沙银行	0.6760	0.6297	0.4257
盛京银行	0.8912	1.0000	0.8912	华融湘江银行	0.6891	0.6381	0.4397
锦州银行	0.7855	1.0000	0.7855	江西银行	0.5128	1.0000	0.5128
丹东银行	0.6249	0.5425	0.3390	九江银行	0.8416	0.7253	0.6104
抚顺银行	0.6801	0.8751	0.5952	赣州银行	0.8887	0.6614	0.5878
朝阳银行	0.6310	0.6587	0.4156	徽商银行	0.6717	1.0000	0.6717
葫芦岛银行	0.6010	0.7062	0.4244	晋城银行	0.5846	1.0000	0.5846
盘锦银行	0.6170	0.7309	0.4510	大同市商业银行	1.1370	0.7485	0.8510
本溪市商业银行	0.5732	0.6437	0.3690	长治银行	0.6060	0.7407	0.4489
大连银行	0.7535	0.3761	0.2834	吉林银行	0.8104	0.6442	0.5221
营口银行	1.1697	0.7001	0.8189	哈尔滨银行	0.6988	0.5895	0.4119
阜新银行	0.6891	0.6354	0.4379	龙江银行	0.6772	0.5523	0.3740
鞍山银行	0.8720	1.0000	0.8720	包商银行	0.5796	1.0000	0.5796
辽阳银行	0.7632	0.4687	0.3577	内蒙古银行	0.5011	0.5074	0.2543
上海银行	0.8819	0.8266	0.7290	乌海银行	0.6470	1.0000	0.6470
江苏银行	1.0199	0.6513	0.6643	桂林银行	1.0742	0.5309	0.5703
南京银行	0.7769	0.8795	0.6833	广西北部湾银行	0.4525	0.5964	0.2699

续表

银行	资金集聚效率	获利效率	综合效率	银行	资金集聚效率	获利效率	综合效率
江苏长江银行	0.7402	1.0000	0.7402	柳州银行	0.5896	0.5989	0.3531
宁波银行	0.5440	1.0000	0.5440	成都银行	0.7831	0.6309	0.4941
杭州银行	0.7450	0.6096	0.4542	南充市商业银行	0.6714	0.8973	0.6024
温州银行	0.8017	0.5616	0.4502	德阳银行	0.5961	0.6823	0.4067
浙江稠州商业银行	0.5895	0.9544	0.5626	乐山市商业银行	0.4744	0.8071	0.3829
台州银行	0.6065	1.0000	0.6065	攀枝花市商业银行	0.4940	0.7385	0.3648
绍兴银行	0.6623	0.5158	0.3416	绵阳市商业银行	0.5707	0.8908	0.5084
浙江泰隆商业银行	0.6469	1.0000	0.6469	自贡市商业银行	0.7694	0.6740	0.5186
金华银行	0.6620	0.5419	0.3587	泸州市商业银行	0.6939	1.0000	0.6939
宁波商通银行	0.4096	0.8856	0.3627	遂宁市商业银行	0.5976	1.0000	0.5976
嘉兴银行	0.6784	0.6412	0.4350	宜宾市商业银行	0.4590	0.9282	0.4260
湖州银行	0.7822	0.8240	0.6445	凉山州商业银行	0.6741	1.0000	0.6741
浙江民泰商业银行	0.6285	0.7724	0.4855	达州市商业银行	0.5625	1.0000	0.5625
厦门国际银行	1.0860	0.4865	0.5283	重庆银行	0.6746	0.6221	0.4197
厦门银行	0.9624	0.5326	0.5126	重庆三峡银行	0.6538	0.7142	0.4669
福建海峡银行	0.7259	0.5865	0.4257	贵州银行	0.5373	0.7920	0.4255
泉州银行	0.6301	0.6990	0.4404	贵阳银行	0.7844	0.7822	0.6136
青岛银行	0.5324	0.5799	0.3087	富滇银行	0.5537	0.6020	0.3333
齐商银行	0.5884	0.6106	0.3593	曲靖市商业银行	0.8027	0.6756	0.5423
临商银行	0.6127	0.7709	0.4723	长安银行	0.6116	0.5669	0.3467
莱商银行	0.8151	0.6594	0.5375	晋商银行	0.8031	0.5452	0.4379
东营银行	0.6191	0.9324	0.5772	西安银行	0.7009	0.6447	0.4519
烟台银行	0.6858	0.6024	0.4131	甘肃银行	0.8009	0.5675	0.4545
泰安银行	0.7269	0.6643	0.4829	兰州银行	0.7758	0.7089	0.5500
济宁银行	0.6218	0.8053	0.5007	青海银行	0.8549	0.5259	0.4496
枣庄银行	0.4683	1.0000	0.4683	宁夏银行	0.6234	0.7576	0.4723
齐鲁银行	0.7764	0.7574	0.5880	昆仑银行	2.2112	0.6649	1.4702
威海市商业银行	0.7018	0.6433	0.4515	乌鲁木齐商业银行	0.6464	0.6887	0.4452
日照银行	0.6260	0.7573	0.4741	石嘴山银行	0.5969	1.0000	0.5969
潍坊银行	0.5590	0.7293	0.4077	西藏银行	1.1724	1.0000	1.1724
广州银行	1.0177	0.4599	0.4680	均值	0.7263	0.7377	0.5312
东莞银行	0.6907	0.5995	0.4141				

2015 年资金集聚效率的平均值为 0.7263，相对资金集聚效率值最高的 5 家银行是北京银行、营口银行、大同市商业银行、昆仑银行和西藏银行，其相对效率值分别为 1.3676、1.1697、1.1370、2.2112 和 1.1724；相对资金集聚效率最低的 5 家银行为宁波商通银行、枣庄银行、中原银行、广西北部湾银行和宜宾市商业银行，其相对效率分别为 0.4096、0.4683、0.4119、0.4525 和 0.4590。资金集聚效率高于均值的银行有 48 家，是样本期间内最多的。

获利效率的平均值为 0.7377，相对获利效率值为 DEA 有效的城市商业银行为 24 家，包括北京银行、唐山银行、沧州银行、承德银行和鞍山银行等。相对获利效率值最低的 5 家银行是廊坊银行、大连银行、辽阳银行、广东华兴银行和广州银行。

综合效率值大于等于 1 的 4 家城市商业银行是北京银行、唐山银行、昆仑银行和西藏银行。综合效率最低的 5 家银行为大连银行、青岛银行、广东华兴银行、内蒙古银行和广西北部湾银行。

表 3 - 8　2016 年中国 116 家城市商业银行两阶段综合效率结果

银行	资金集聚效率	获利效率	综合效率	银行	资金集聚效率	获利效率	综合效率
北京银行	0.8036	1.0000	0.8036	广东南粤银行	0.6931	0.6003	0.4161
天津银行	0.7856	0.5131	0.4031	珠海华润银行	0.7386	0.6437	0.4754
河北银行	0.7461	0.5579	0.4162	广东华兴银行	0.8048	0.6160	0.4958
廊坊银行	1.0133	0.6443	0.6529	中原银行	0.5085	0.6844	0.3480
张家口银行	0.7265	0.5586	0.4058	郑州银行	0.8253	0.7229	0.5966
唐山银行	1.3259	1.0000	1.3259	洛阳银行	0.7821	0.8475	0.6628
沧州银行	0.6659	1.0000	0.6659	平顶山银行	0.5479	0.5271	0.2888
承德银行	0.8890	0.8244	0.7329	焦作市商业银行	0.5673	0.8601	0.4879
邯郸银行	0.7801	0.5406	0.4217	汉口银行	0.6265	1.0000	0.6265
衡水银行	0.6667	0.6513	0.4342	湖北银行	0.6530	0.4957	0.3237
秦皇岛银行	1.1749	0.5699	0.6696	长沙银行	0.8703	0.6805	0.5922
盛京银行	1.2396	0.9546	1.1833	华融湘江银行	0.7756	0.7791	0.6043
锦州银行	0.8664	1.0000	0.8664	江西银行	0.6525	0.6672	0.4353
丹东银行	0.6870	0.5640	0.3875	九江银行	1.3974	0.4645	0.6491

续表

银行	资金集聚效率	获利效率	综合效率	银行	资金集聚效率	获利效率	综合效率
抚顺银行	0.6238	0.5590	0.3487	赣州银行	1.0032	0.4972	0.4988
朝阳银行	0.7659	0.4152	0.3180	徽商银行	0.7584	1.0000	0.7584
葫芦岛银行	0.5111	0.5456	0.2789	晋城银行	0.6739	0.7876	0.5308
盘锦银行	0.6515	0.6970	0.4541	大同市商业银行	1.0833	0.4563	0.4943
本溪市商业银行	0.6082	0.5765	0.3506	长治银行	0.6269	0.7153	0.4484
大连银行	0.6692	0.4221	0.2825	吉林银行	0.9143	0.4582	0.4189
营口银行	0.9205	1.0000	0.9205	哈尔滨银行	0.7397	0.6833	0.5054
阜新银行	0.6351	0.5574	0.3540	龙江银行	0.8265	0.5846	0.4832
鞍山银行	0.8571	0.7692	0.6593	包商银行	0.6399	1.0000	0.6399
辽阳银行	0.8904	0.4195	0.3735	内蒙古银行	0.5617	0.6589	0.3701
上海银行	0.8295	0.9089	0.7539	乌海银行	0.6610	1.0000	0.6610
江苏银行	0.9149	0.7114	0.6509	桂林银行	1.1531	0.5300	0.6111
南京银行	0.8659	1.0000	0.8659	广西北部湾银行	0.6133	0.3362	0.2062
江苏长江银行	0.7871	1.0000	0.7871	柳州银行	0.5665	0.4710	0.2668
宁波银行	0.7189	1.0000	0.7189	成都银行	0.8476	0.5979	0.5068
杭州银行	0.7992	0.6180	0.4939	南充市商业银行	0.7110	0.6926	0.4924
温州银行	0.8281	0.7077	0.5860	德阳银行	0.7314	0.6664	0.4874
浙江稠州商业银行	0.6955	0.6672	0.4640	乐山市商业银行	0.7158	0.5729	0.4101
台州银行	0.6126	1.0000	0.6126	攀枝花市商业银行	0.6056	0.5707	0.3456
绍兴银行	0.6692	0.4632	0.3100	绵阳市商业银行	0.6013	0.8651	0.5202
浙江泰隆商业银行	0.5085	1.0000	0.5085	自贡市商业银行	0.7834	0.6641	0.5203
金华银行	0.6717	0.7242	0.4864	泸州市商业银行	0.6624	1.0000	0.6624
宁波商通银行	0.4608	0.6982	0.3217	遂宁市商业银行	0.6159	1.0000	0.6159
嘉兴银行	0.7727	0.6690	0.5169	宜宾市商业银行	0.5700	0.8539	0.4918
湖州银行	0.8350	1.0000	0.8350	凉山州商业银行	0.6156	1.0000	0.6156
浙江民泰商业银行	0.6523	0.6579	0.4291	达州市商业银行	0.8610	0.6374	0.5488
厦门国际银行	1.0353	0.4680	0.4845	重庆银行	0.7815	0.7504	0.5864
厦门银行	0.8324	0.6273	0.5222	重庆三峡银行	0.8076	0.6449	0.5208
福建海峡银行	0.7876	0.5764	0.4540	贵州银行	0.6682	0.5909	0.3948
泉州银行	0.6308	0.7619	0.4806	贵阳银行	0.8668	0.6914	0.5993
青岛银行	0.6561	0.5715	0.3750	富滇银行	0.6575	0.5021	0.3301

银行	资金集聚效率	获利效率	综合效率	银行	资金集聚效率	获利效率	综合效率
齐商银行	0.5038	0.4717	0.2376	曲靖市商业银行	0.7214	0.6986	0.5040
临商银行	0.6021	0.7023	0.4229	长安银行	0.5919	0.6502	0.3849
莱商银行	0.9958	0.5353	0.5331	晋商银行	0.8783	0.4413	0.3876
东营银行	0.6551	0.9776	0.6404	西安银行	0.6930	0.6864	0.4757
烟台银行	0.7544	0.5272	0.3977	甘肃银行	0.9282	0.4846	0.4498
泰安银行	0.9133	0.8169	0.7461	兰州银行	0.8666	0.4161	0.3606
济宁银行	0.7348	1.0000	0.7348	青海银行	0.8644	0.4488	0.3879
枣庄银行	0.4865	1.0000	0.4865	宁夏银行	0.5987	0.5423	0.3247
齐鲁银行	0.8003	0.5282	0.4227	昆仑银行	9.7537	0.5775	5.6328
威海市商业银行	0.8602	0.6179	0.5315	乌鲁木齐商业银行	0.5676	0.5805	0.3295
日照银行	0.6298	0.6801	0.4283	石嘴山银行	0.6155	0.9800	0.6032
潍坊银行	0.5944	1.0000	0.5944	西藏银行	0.8384	1.0000	0.8384
广州银行	1.1609	0.4547	0.5279	均值	0.8339	0.6945	0.5658
东莞银行	0.6851	0.4997	0.3423				

2016 年各城市商业银行资金集聚效率的平均值为 0.8339，相对资金集聚效率值最高的 5 家银行是唐山银行、秦皇岛银行、盛京银行、九江银行和昆仑银行，其相对效率值分别为 1.3259、1.1749、1.2396、1.3974 和 9.7537；相对资金集聚效率最低的 5 家银行为枣庄银行、浙江泰隆商业银行、宁波商通银行、齐商银行和中原银行，其相对效率分别为 0.5111、0.5085、0.4608、0.5038 和 0.5085。资金集聚效率高于均值的银行有 32 家，包括江苏银行、南京银行、湖州银行、厦门国际银行、泰安银行、广州银行和长沙银行等。

获利效率的平均值为 0.6945，相对获利效率值为 DEA 有效的城市商业银行为 22 家，包括北京银行、锦州银行、南京银行、江苏长江银行和宁波银行等。相对获利效率值最低的 5 家银行是朝阳银行、大连银行、辽阳银行、广西北部湾银行和兰州银行。

综合效率值大于等于 1 的 3 家城市商业银行是唐山银行、昆仑银行和盛京银行。综合效率最低的 5 家银行为葫芦岛银行、大连银行、齐商银行、广西北部湾银行和柳州银行。

3.1.5 中国城市商业银行的 DEA 动态效率分析

Malmquist 指数是一个效率指数，它可以反映决策单元相邻两个时期效率变化情况。在对商业银行效率进行动态效率分析过程中，Malmquist 指数大于、等于、小于 1 分别代表商业银行经历了效率增长、效率停滞和效率下降的过程。

通过对 2012～2016 年我国 116 家（其中 2012～2014 年为 115 家）样本商业银行相关面板数据的计算，得到各商业银行在不同年度的技术效率变化指数（effch）、技术进步变化指数（techch）、纯技术效率变化指数（pech）、规模效率变化指数（sech）和全要素生产率变化指数（tfpch），将计算结果整理如表 3-9 和表 3-10 所示：

表 3-9 2012～2014 年中国 115 家城市商业银行 TFP 指数及分解

银行	2012～2013 年					2013～2014 年				
	技术效率变化指数	技术进步变化指数	纯技术效率变化指数	规模效率变化指数	全要素生产率变化指数	技术效率变化指数	技术进步变化指数	纯技术效率变化指数	规模效率变化指数	全要素生产率变化指数
北京银行	1.0000	1.0108	1.0000	1.0000	1.0108	1.0000	0.9857	1.0000	1.0000	0.9857
天津银行	1.3180	0.7307	1.4541	0.9064	0.9631	0.7617	0.6733	0.7495	1.0163	0.5129
河北银行	1.1032	0.7797	1.0394	1.0614	0.8601	0.8334	1.9202	1.1755	0.7090	1.6003
廊坊银行	0.2253	0.6026	0.2685	0.8390	0.1358	8.9412	2.0849	6.9855	1.2800	18.6418
张家口银行	1.0000	0.9881	1.0000	1.0000	0.9881	1.0000	1.0685	1.0000	1.0000	1.0685
唐山银行	1.0000	0.9423	1.0000	1.0000	0.9423	1.0000	0.9900	1.0000	1.0000	0.9900
沧州银行	1.5178	1.2759	1.6737	0.9069	1.9366	0.8755	1.0718	0.8560	1.0227	0.9383
承德银行	0.8377	1.0840	1.1104	0.7544	0.9081	1.6817	1.0065	1.2299	1.3674	1.6926
邯郸银行	0.8759	0.7126	0.9809	0.8930	0.6242	1.2712	1.1144	1.1277	1.1272	1.4166
衡水银行	1.0317	0.8786	1.1084	0.9308	0.9064	1.0309	1.7912	1.1164	0.9234	1.8466
秦皇岛银行	0.8353	1.0745	1.0307	0.8104	0.8975	0.9530	1.5678	0.9532	0.9998	1.4942
盛京银行	1.5153	0.5811	1.0000	1.5153	0.8805	1.0000	0.9900	1.0000	1.0000	0.9900
锦州银行	2.0155	0.6881	1.2257	1.6444	1.3868	1.3628	0.7273	1.7814	0.7650	0.9911
丹东银行	0.9296	0.7907	1.0500	0.8854	0.7351	0.8372	1.0766	0.8906	0.9400	0.9013

银行	2012～2013 年					2013～2014 年				
	技术效率变化指数	技术进步变化指数	纯技术效率变化指数	规模效率变化指数	全要素生产率变化指数	技术效率变化指数	技术进步变化指数	纯技术效率变化指数	规模效率变化指数	全要素生产率变化指数
抚顺银行	0.9583	0.7683	1.0372	0.9239	0.7363	0.9351	1.7191	0.9739	0.9602	1.6076
朝阳银行	1.3418	0.7371	1.5850	0.8465	0.9891	1.0709	1.1469	0.9473	1.1306	1.2282
葫芦岛银行	0.7780	0.8807	0.8299	0.9374	0.6852	0.7448	1.6333	0.9184	0.8110	1.2165
盘锦银行	8.7284	0.9703	8.1314	1.0734	8.4693	0.8094	4.9484	6.1357	0.1319	4.0052
本溪市商业银行	0.2192	2.1351	0.0727	3.0153	0.4680	0.9779	8.9711	0.7980	1.2255	8.7729
大连银行	0.2351	0.9621	1.0000	0.2351	0.2262	0.7035	0.8050	0.6962	1.0104	0.5663
营口银行	1.5228	0.7782	1.0000	1.5228	1.1850	1.0612	1.7463	1.0000	1.0612	1.8531
阜新银行	1.3783	0.6922	1.1950	1.1533	0.9541	0.9543	1.1882	1.1111	0.8589	1.1339
鞍山银行	0.8081	0.6923	0.9802	0.8244	0.5594	0.9986	1.0575	0.9618	1.0383	1.0561
辽阳银行	0.6154	0.8269	0.7734	0.7957	0.5089	0.9785	2.2553	1.1510	0.8501	2.2068
上海银行	1.5762	0.6911	1.5028	1.0488	1.0893	2.0300	0.4936	1.0557	1.9229	1.0020
江苏银行	0.6951	0.5527	1.0000	0.6951	0.3842	1.8986	0.4402	1.0000	1.8986	0.8357
南京银行	0.6574	0.7171	0.5225	1.2582	0.4714	2.0178	0.5651	1.9139	1.0543	1.1403
江苏长江银行	1.3959	0.8586	1.0000	1.3959	1.1985	2.3856	1.6475	1.0000	2.3856	3.9304
宁波银行	0.6935	0.7942	1.2055	0.5753	0.5508	2.1058	0.4709	0.9511	2.2140	0.9917
杭州银行	0.6056	0.7403	0.7086	0.8547	0.4483	1.3366	0.5952	0.8868	1.5071	0.7956
温州银行	2.1406	0.5956	1.2483	1.7149	1.2750	0.7461	1.3123	0.8180	0.9121	0.9792
浙江稠州商业银行	0.7530	0.6572	0.8270	0.9104	0.4949	1.3727	0.9157	1.1884	1.1550	1.2569
台州银行	0.6750	0.8915	1.0000	0.6750	0.6018	3.1373	0.7955	1.0000	3.1373	2.4956
绍兴银行	1.0465	0.6659	1.0396	1.0067	0.6969	0.8176	1.0227	0.7383	1.1074	0.8361
浙江泰隆商业银行	1.0000	1.6537	1.0000	1.0000	1.6537	0.3377	3.3814	1.0000	0.3377	1.1419
金华银行	0.8720	0.8608	1.0754	0.8108	0.7506	0.7246	1.2649	0.7418	0.9768	0.9166
宁波商通银行	3.5032	0.6415	0.1885	18.5896	2.2474	1.2070	1.2036	1.2753	0.9464	1.4528
嘉兴银行	0.7452	0.7402	0.8386	0.8887	0.5516	0.7662	2.1192	0.7615	1.0061	1.6236
湖州银行	0.5664	0.8158	0.6849	0.8270	0.4621	1.4501	1.7712	1.3093	1.1075	2.5684
浙江民泰商业银行	1.2665	1.8348	2.8660	0.4419	2.3238	1.0245	1.0287	0.5555	1.8444	1.0539
厦门国际银行	2.6109	0.7422	2.2655	1.1525	1.9378	0.7933	0.8519	0.8578	0.9247	0.6758
厦门银行	1.0589	0.7570	1.0571	1.0017	0.8016	0.6455	1.3135	0.9446	0.6834	0.8479

续表

银行	2012~2013 年					2013~2014 年				
	技术效率变化指数	技术进步变化指数	纯技术效率变化指数	规模效率变化指数	全要素生产率变化指数	技术效率变化指数	技术进步变化指数	纯技术效率变化指数	规模效率变化指数	全要素生产率变化指数
福建海峡银行	1.5369	0.6107	1.3367	1.1498	0.9385	0.9359	1.0162	0.9690	0.9659	0.9511
泉州银行	0.8404	0.7489	0.8609	0.9762	0.6293	0.5967	1.1075	0.7912	0.7541	0.6608
青岛银行	1.0401	0.7077	1.0147	1.0250	0.7361	0.9970	1.2649	1.1937	0.8352	1.2610
齐商银行	1.1039	0.6754	1.2113	0.9113	0.7456	0.6863	1.0284	0.7074	0.9702	0.7058
临商银行	1.0000	0.9932	1.0000	1.0000	0.9932	0.2685	1.4447	0.5331	0.5036	0.3879
莱商银行	0.5842	1.3081	0.6043	0.9667	0.7642	1.7118	1.2595	1.6548	1.0345	2.1560
东营银行	1.2681	0.6837	1.2697	0.9987	0.8670	0.9301	1.0259	0.9226	1.0081	0.9542
烟台银行	0.7411	0.7916	0.9151	0.8099	0.5866	1.0587	2.0305	1.1370	0.9311	2.1496
泰安银行	0.7457	0.6726	0.7467	0.9986	0.5016	2.2301	1.1893	2.2248	1.0024	2.6521
济宁银行	0.4144	1.3516	0.5630	0.7361	0.5601	0.7664	2.7670	0.9707	0.7895	2.1206
枣庄银行	4.3652	0.4671	1.0000	4.3652	2.0389	1.0000	3.3037	1.0000	1.0000	3.3037
齐鲁银行	1.4359	0.6616	1.7159	0.8368	0.9500	0.9081	1.1201	0.9345	0.9717	1.0172
威海市商业银行	1.4313	0.6665	1.4679	0.9751	0.9540	1.1069	0.9032	1.0255	1.0794	0.9998
日照银行	0.7161	0.6380	0.6753	1.0604	0.4569	0.7973	1.1567	0.9099	0.8763	0.9223
潍坊银行	0.7239	0.6875	1.0034	0.7214	0.4977	0.8291	0.9864	0.9168	0.9044	0.8178
广州银行	1.0000	1.0516	1.0000	1.0000	1.0516	1.0000	0.6139	1.0000	1.0000	0.6139
东莞银行	0.4767	0.7848	0.7874	0.6054	0.3741	0.9855	0.7182	0.8505	1.1588	0.7078
广东南粤银行	3.2227	0.6447	2.4013	1.3421	2.0777	0.2547	1.0005	0.5229	0.4871	0.2549
珠海华润银行	1.6018	0.6245	1.5156	1.0569	1.0002	1.0130	1.0965	1.2331	0.8215	1.1108
广东华兴银行	0.1370	0.8359	0.1433	0.9563	0.1146	4.7271	1.4853	5.7804	0.8178	7.0214
郑州银行	1.6056	0.7202	1.3400	1.1982	1.1564	1.8824	0.9025	1.3611	1.3829	1.6989
洛阳银行	1.3504	0.8614	1.0000	1.3504	1.1632	1.0000	1.0343	1.0000	1.0000	1.0343
平顶山银行	1.0049	0.9473	1.2401	0.8104	0.9520	0.7832	1.7578	0.8153	0.9607	1.3768
焦作市商业银行	1.1453	0.7398	1.1778	0.9724	0.8473	1.2851	1.5961	2.3302	0.5515	2.0512
汉口银行	0.9979	0.6065	0.8430	1.1837	0.6052	0.5355	1.1158	0.9103	0.5883	0.5975
湖北银行	0.9255	0.6829	1.0583	0.8746	0.6320	0.7992	0.8881	0.9970	0.8015	0.7097
长沙银行	1.5245	0.8181	1.0000	1.5245	1.2471	0.4371	1.4897	0.7239	0.6039	0.6512
华融湘江银行	0.7121	0.9019	1.0133	0.7027	0.6422	1.1178	0.8506	1.1410	0.9796	0.9508

续表

银行	2012~2013 年					2013~2014 年				
	技术效率变化指数	技术进步变化指数	纯技术效率变化指数	规模效率变化指数	全要素生产率变化指数	技术效率变化指数	技术进步变化指数	纯技术效率变化指数	规模效率变化指数	全要素生产率变化指数
江西银行	0.5276	0.6395	0.8581	0.6148	0.3374	0.9468	1.0127	0.8940	1.0591	0.9589
九江银行	1.0000	0.9213	1.0000	1.0000	0.9213	1.0000	0.9718	1.0000	1.0000	0.9718
赣州银行	1.1612	0.8927	1.0000	1.1612	1.0366	0.7856	1.1577	0.7859	0.9996	0.9095
徽商银行	0.7228	0.7237	1.0000	0.7228	0.5231	1.6351	0.4252	0.7230	2.2615	0.6953
晋城银行	2.3707	0.9030	2.0714	1.1445	2.1408	0.4971	2.1247	0.5427	0.9159	1.0561
大同市商业银行	0.9598	0.9863	1.0000	0.9598	0.9466	0.9154	1.6040	0.5993	1.5274	1.4683
长治银行	1.1350	0.9388	1.1167	1.0164	1.0656	0.9167	1.8077	0.9277	0.9881	1.6571
吉林银行	1.7995	0.5999	0.7368	2.4423	1.0795	1.4970	0.8715	0.9322	1.6059	1.3046
哈尔滨银行	0.5233	0.8069	0.6480	0.8076	0.4223	1.2870	0.6204	1.0728	1.1997	0.7985
龙江银行	0.7910	0.7734	0.9457	0.8365	0.6118	0.3519	1.4073	0.4618	0.7619	0.4952
包商银行	1.7092	0.7782	1.0000	1.7092	1.3302	0.1236	6.1900	1.0000	0.1236	0.7651
内蒙古银行	0.7040	0.6412	0.8644	0.8145	0.4514	0.8877	0.9408	0.9892	0.8974	0.8352
乌海银行	0.6566	1.1519	0.7691	0.8537	0.7563	0.9463	1.0691	0.8947	1.0577	1.0117
桂林银行	1.6349	0.7906	1.6085	1.0164	1.2926	1.0000	1.0335	1.0000	1.0000	1.0335
广西北部湾银行	0.2573	0.6896	1.6003	0.1608	0.1775	0.2982	1.0368	0.0936	3.1840	0.3091
柳州银行	1.5932	0.9935	1.5304	1.0410	1.5828	0.3442	1.9912	0.4804	0.7164	0.6853
成都银行	1.0981	0.8016	1.5333	0.7162	0.8803	1.8738	0.4737	1.0000	1.8738	0.8876
南充市商业银行	1.0000	0.9732	1.0000	1.0000	0.9732	1.0000	0.9808	1.0000	1.0000	0.9808
德阳银行	0.6970	1.1358	0.7050	0.9886	0.7916	0.3506	1.2390	0.5281	0.6639	0.4344
乐山市商业银行	1.1158	0.6861	1.1188	0.9973	0.7655	0.5539	1.7676	0.9702	0.5709	0.9791
攀枝花市商业银行	1.0000	0.9331	1.0000	1.0000	0.9331	0.3597	1.5602	0.5567	0.6462	0.5613
绵阳市商业银行	0.8119	1.0606	0.7694	1.0552	0.8612	0.8183	1.3947	0.8005	1.0222	1.1412
自贡市商业银行	0.9170	1.0336	0.3428	2.6753	0.9477	1.5044	2.2563	2.9176	0.5156	3.3943
泸州市商业银行	1.0000	0.9358	1.0000	1.0000	0.9358	1.0000	0.9605	1.0000	1.0000	0.9605
遂宁市商业银行	1.4738	0.7937	1.4394	1.0239	1.1698	1.0000	1.0960	1.0000	1.0000	1.0960
宜宾市商业银行	1.1280	0.9516	1.1365	0.9925	1.0735	1.5933	1.8899	2.1417	0.7439	3.0112
凉山州商业银行	1.1983	0.8612	1.1914	1.0058	1.0320	1.0000	1.0639	1.0000	1.0000	1.0639
达州市商业银行	14.9011	0.2615	8.9772	1.6599	3.8965	0.8854	2.5074	1.0000	0.8854	2.2199

续表

银行	2012~2013 年					2013~2014 年				
	技术效率变化指数	技术进步变化指数	纯技术效率变化指数	规模效率变化指数	全要素生产率变化指数	技术效率变化指数	技术进步变化指数	纯技术效率变化指数	规模效率变化指数	全要素生产率变化指数
重庆银行	0.9543	0.5172	1.1525	0.8280	0.4936	1.4860	0.5339	1.0671	1.3926	0.7934
重庆三峡银行	0.9579	0.7766	1.0546	0.9083	0.7439	1.6297	1.1200	1.4626	1.1142	1.8252
贵州银行	0.5690	0.7550	0.6875	0.8277	0.4296	0.5633	1.0208	1.4545	0.3873	0.5751
贵阳银行	1.2028	0.7003	1.3072	0.9201	0.8424	1.6382	0.6332	1.1589	1.4136	1.0374
富滇银行	0.9541	0.6803	1.2174	0.7837	0.6491	1.0437	0.8158	0.8775	1.1894	0.8515
曲靖市商业银行	1.0000	0.9571	1.0000	1.0000	0.9571	1.0000	1.0132	1.0000	1.0000	1.0132
长安银行	1.6410	0.8831	1.8968	0.8651	1.4491	0.8644	0.5852	0.8018	1.0780	0.5059
晋商银行	1.0980	0.7570	1.0253	1.0709	0.8312	0.5371	1.2525	0.8921	0.6021	0.6727
西安银行	0.9411	0.6990	1.0521	0.8945	0.6578	1.3360	0.7058	1.0944	1.2208	0.9430
甘肃银行	2.4648	1.1530	3.1368	0.7858	2.8420	2.3939	1.1892	6.3949	0.3743	2.8469
兰州银行	0.1010	1.9207	0.2108	0.4790	0.1939	1.3376	1.6611	4.7438	0.2820	2.2219
青海银行	1.0000	0.9798	1.0000	1.0000	0.9798	1.0000	1.0008	1.0000	1.0000	1.0008
宁夏银行	1.1844	0.7914	1.2771	0.9274	0.9373	1.0610	0.9159	0.8934	1.1876	0.9718
昆仑银行	1.0000	1.0909	1.0000	1.0000	1.0909	1.0000	1.0560	1.0000	1.0000	1.0560
乌鲁木齐商业银行	0.7600	0.7018	1.0173	0.7471	0.5334	1.1002	0.9724	0.9987	1.1017	1.0698
石嘴山银行	1.0000	0.9818	1.0000	1.0000	0.9818	0.7191	1.2156	0.7838	0.9175	0.8741
西藏银行	1.0000	0.9584	1.0000	1.0000	0.9584	1.0000	1.0980	1.0000	1.0000	1.0980
均值	1.0048	0.8177	1.0172	0.9878	0.8216	0.9715	1.1825	1.0271	0.9459	1.1488

注：中原银行于 2014 年成立，故表中为 115 家银行。

表 3－10　2014~2016 年中国 116 家城市商业银行 TFP 指数及分解

银行	2014~2015 年					2015~2016 年				
	技术效率变化指数	技术进步变化指数	纯技术效率变化指数	规模效率变化指数	全要素生产率变化指数	技术效率变化指数	技术进步变化指数	纯技术效率变化指数	规模效率变化指数	全要素生产率变化指数
北京银行	1.0000	1.1460	1.0000	1.0000	1.1460	1.0000	0.7239	1.0000	1.0000	0.7239
天津银行	0.9267	0.7968	0.8373	1.1068	0.7384	1.0901	0.6353	0.7272	1.4990	0.6926

续表

银行	2014~2015 年					2015~2016 年				
	技术效率变化指数	技术进步变化指数	纯技术效率变化指数	规模效率变化指数	全要素生产率变化指数	技术效率变化指数	技术进步变化指数	纯技术效率变化指数	规模效率变化指数	全要素生产率变化指数
河北银行	1.5537	0.3713	1.0825	1.4353	0.5769	1.0717	0.7736	0.8448	1.2686	0.8291
廊坊银行	1.4689	0.2977	1.5305	0.9598	0.4372	1.8658	0.9801	1.7929	1.0406	1.8286
张家口银行	0.5143	0.4962	0.5239	0.9817	0.2552	1.0258	0.7795	1.0160	1.0096	0.7996
唐山银行	1.0000	1.0727	1.0000	1.0000	1.0727	1.0000	0.9063	1.0000	1.0000	0.9063
沧州银行	1.1074	0.3137	0.8314	1.3320	0.3474	0.4524	0.6214	0.4574	0.9892	0.2812
承德银行	1.0000	0.4219	1.0000	1.0000	0.4219	0.4509	0.9885	0.4617	0.9765	0.4457
邯郸银行	0.9680	0.4191	1.0565	0.9162	0.4057	0.5095	0.7882	0.4805	1.0605	0.4016
衡水银行	1.4265	0.4259	1.1183	1.2756	0.6075	0.4171	1.1508	0.4810	0.8672	0.4800
秦皇岛银行	1.7070	0.4234	1.3801	1.2368	0.7227	0.5542	1.0890	0.6933	0.7993	0.6035
盛京银行	1.0000	0.9438	1.0000	1.0000	0.9438	0.7836	1.0999	0.9035	0.8673	0.8618
锦州银行	3.3111	0.8210	1.6932	1.9556	2.7183	1.0000	1.0527	1.0000	1.0000	1.0527
丹东银行	1.0336	0.4230	0.9088	1.1374	0.4373	0.9804	0.9840	0.8818	1.1119	0.9648
抚顺银行	2.3082	0.3962	1.9063	1.2108	0.9146	0.3825	1.0099	0.3898	0.9813	0.3863
朝阳银行	1.7960	0.3793	1.4185	1.2661	0.6813	0.5879	1.1010	0.6001	0.9797	0.6473
葫芦岛银行	2.6537	0.2802	2.1281	1.2469	0.7435	0.6131	1.0739	0.5808	1.0558	0.6584
盘锦银行	4.6740	0.2357	0.6419	7.2813	1.1018	0.6867	0.8254	1.0122	0.6783	0.5668
本溪市商业银行	6.2164	0.1607	6.3697	0.9759	0.9989	0.7132	1.2725	1.3532	0.5270	0.9075
大连银行	0.2197	0.3928	0.0936	2.3474	0.0863	4.0105	0.9726	3.1659	1.2668	3.9006
营口银行	1.6975	0.7284	1.0000	1.6975	1.2364	1.0000	1.0326	1.0000	1.0000	1.0326
阜新银行	2.0830	0.4621	1.5921	1.3083	0.9625	0.4961	0.9793	0.4762	1.0418	0.4858
鞍山银行	1.5614	0.4776	1.2289	1.2705	0.7457	0.4626	1.0826	0.4761	0.9716	0.5008
辽阳银行	1.6576	0.3665	1.1299	1.4670	0.6075	0.8233	1.1278	0.7164	1.1492	0.9285
上海银行	0.7689	0.5844	1.0000	0.7689	0.4494	2.8973	0.5952	1.0000	2.8973	1.7245
江苏银行	0.8388	0.5049	1.0000	0.8388	0.4235	1.7510	0.3579	0.7786	2.2489	0.6266
南京银行	1.0739	0.5184	1.0000	1.0739	0.5567	1.9275	0.4633	1.0000	1.9275	0.8930
江苏长江银行	1.0000	0.5853	1.0000	1.0000	0.5853	1.0000	0.9655	1.0000	1.0000	0.9655
宁波银行	2.5481	0.3601	1.0514	2.4236	0.9175	1.0000	1.0248	1.0000	1.0000	1.0248
杭州银行	1.0319	0.5332	0.9041	1.1414	0.5502	1.4668	0.5697	0.9058	1.6194	0.8356

续表

银行	2014~2015 年					2015~2016 年				
	技术效率变化指数	技术进步变化指数	纯技术效率变化指数	规模效率变化指数	全要素生产率变化指数	技术效率变化指数	技术进步变化指数	纯技术效率变化指数	规模效率变化指数	全要素生产率变化指数
温州银行	1.8149	0.4053	1.7207	1.0548	0.7356	1.3157	0.8165	1.1683	1.1261	1.0743
浙江稠州商业银行	2.4526	0.2965	1.8631	1.3164	0.7271	0.7217	0.7248	0.4818	1.4980	0.5231
台州银行	1.0000	0.7117	1.0000	1.0000	0.7117	1.0000	0.9549	1.0000	1.0000	0.9549
绍兴银行	1.9895	0.4564	1.6366	1.2156	0.9080	0.6363	1.2465	0.6103	1.0427	0.7932
浙江泰隆商业银行	2.9612	0.2954	1.0000	2.9612	0.8748	1.0000	0.9812	1.0000	1.0000	0.9812
金华银行	1.5323	0.3958	1.2049	1.2718	0.6065	0.6486	1.2022	0.6608	0.9816	0.7798
宁波商通银行	1.9061	0.3369	1.8654	1.0218	0.6421	1.0514	0.8596	0.9579	1.0976	0.9038
嘉兴银行	1.5557	0.3370	1.2693	1.2257	0.5243	1.2737	1.1372	1.3295	0.9580	1.4486
湖州银行	1.5560	0.4286	2.1289	0.7309	0.6669	1.6066	0.5640	1.0000	1.6066	0.9061
浙江民泰商业银行	2.3032	0.2823	0.9337	2.4666	0.6502	0.6752	0.6631	0.6081	1.1104	0.4477
厦门国际银行	0.8085	0.6962	0.9747	0.8294	0.5629	0.9116	0.6834	0.7091	1.2855	0.6229
厦门银行	1.4315	0.4483	1.1917	1.2013	0.6418	1.2725	0.9002	1.0110	1.2586	1.1455
福建海峡银行	1.6023	0.4492	1.1539	1.3886	0.7197	0.7604	1.2408	0.7316	1.0393	0.9435
泉州银行	1.9416	0.4359	1.5393	1.2614	0.8463	0.6938	1.2694	0.6338	1.0946	0.8807
青岛银行	1.0853	0.4084	0.9124	1.1895	0.4433	1.3199	0.7148	0.9083	1.4532	0.9435
齐商银行	1.2300	0.4425	0.8945	1.3749	0.5443	0.5100	1.1960	0.4475	1.1398	0.6100
临商银行	1.2102	0.3466	0.7906	1.5307	0.4194	0.7777	1.0356	0.6637	1.1717	0.8054
莱商银行	1.0000	0.4825	1.0000	1.0000	0.4825	1.0000	0.6882	1.0000	1.0000	0.6882
东营银行	1.6833	0.4252	1.3661	1.2322	0.7157	0.6397	1.0628	0.6133	1.0430	0.6799
烟台银行	1.6248	0.4848	1.1893	1.3661	0.7876	0.8688	1.0962	0.7973	1.0897	0.9525
泰安银行	0.7448	0.6554	1.0000	0.7448	0.4882	1.3426	0.7532	1.0000	1.3426	1.0112
济宁银行	1.6027	0.3844	0.9998	1.6030	0.6160	0.9658	0.7154	1.0067	0.9594	0.6909
枣庄银行	0.5042	0.6394	0.5216	0.9666	0.3224	0.5630	1.1627	0.9436	0.5966	0.6546
齐鲁银行	1.3417	0.3617	1.0553	1.2715	0.4854	1.1563	0.9163	0.8871	1.3035	1.0595
威海市商业银行	1.2007	0.5510	1.0548	1.1383	0.6616	1.0274	0.9200	0.9096	1.1295	0.9452
日照银行	1.1726	0.3886	0.8741	1.3416	0.4556	0.7292	1.1695	0.6524	1.1177	0.8528
潍坊银行	2.0986	0.3937	1.2138	1.7289	0.8262	0.9276	1.0094	0.7643	1.2136	0.9363
广州银行	0.4624	0.8494	0.6669	0.6934	0.3928	1.0942	0.7372	0.8482	1.2899	0.8066

续表

银行	2014～2015 年					2015～2016 年				
	技术效率变化指数	技术进步变化指数	纯技术效率变化指数	规模效率变化指数	全要素生产率变化指数	技术效率变化指数	技术进步变化指数	纯技术效率变化指数	规模效率变化指数	全要素生产率变化指数
东莞银行	1.3413	0.4598	0.9288	1.4441	0.6168	0.9779	0.7739	0.6607	1.4802	0.7568
广东南粤银行	1.8293	0.3303	1.2149	1.5057	0.6043	0.9203	0.8622	0.7552	1.2186	0.7934
珠海华润银行	0.1927	0.3723	0.2059	0.9359	0.0717	9.2246	0.8711	6.4671	1.4264	8.0358
广东华兴银行	3.1896	0.4557	2.5202	1.2656	1.4536	1.6729	1.1005	1.6324	1.0248	1.8410
中原银行	0.9853	0.5176	0.6685	1.4738	0.5099	1.4923	0.6318	0.8564	1.7425	0.9428
郑州银行	0.7461	0.7390	0.8518	0.8759	0.5514	1.1182	0.8516	1.0216	1.0945	0.9522
洛阳银行	1.0000	0.6144	1.0000	1.0000	0.6144	1.0000	1.0133	1.0000	1.0000	1.0133
平顶山银行	0.8621	0.4307	0.8084	1.0664	0.3713	0.7349	1.0285	0.6547	1.1225	0.7558
焦作市商业银行	1.0712	0.5254	0.5755	1.8613	0.5629	1.1472	0.9019	1.7376	0.6602	1.0346
汉口银行	1.3070	0.4676	0.9156	1.4275	0.6112	1.1029	0.7957	0.7290	1.5128	0.8776
湖北银行	1.5396	0.4219	1.0614	1.4505	0.6495	0.9838	0.8925	0.7017	1.4019	0.8780
长沙银行	1.2095	0.4781	0.9905	1.2211	0.5782	1.3689	0.7086	1.3948	0.9814	0.9700
华融湘江银行	1.3440	0.5021	1.0517	1.2779	0.6748	1.0007	0.7778	0.8960	1.1169	0.7784
江西银行	1.4982	0.2525	0.9469	1.5822	0.3784	1.7203	0.7351	0.9091	1.8923	1.2646
九江银行	1.0000	0.9038	1.0000	1.0000	0.9038	1.0000	0.8634	1.0000	1.0000	0.8634
赣州银行	0.9157	0.6046	0.9198	0.9955	0.5536	0.9054	0.8084	0.9675	0.9357	0.7319
徽商银行	2.3223	0.4159	1.3831	1.6791	0.9658	0.6305	0.6640	0.7416	0.8502	0.4186
晋城银行	1.1139	0.4511	1.1478	0.9704	0.5025	0.5967	1.1420	0.5632	1.0596	0.6815
大同市商业银行	1.7031	0.4059	1.6686	1.0207	0.6913	0.4268	1.0442	0.6166	0.6922	0.4456
长治银行	1.6182	0.4267	2.2636	0.7149	0.6905	0.4776	0.9441	1.0000	0.4776	0.4509
吉林银行	1.0879	0.4378	1.2069	0.9014	0.4763	1.1055	0.5508	0.6567	1.6834	0.6089
哈尔滨银行	1.0484	0.5571	1.0821	0.9689	0.5840	1.7258	0.6077	1.0778	1.6012	1.0488
龙江银行	2.3444	0.3986	1.4149	1.6570	0.9345	1.3121	0.9142	0.9573	1.3706	1.1996
包商银行	26.4387	0.0693	1.0000	26.4387	1.8320	0.4728	0.7606	0.6386	0.7404	0.3597
内蒙古银行	1.1982	0.4309	0.7792	1.5376	0.5163	0.7938	1.2790	0.7468	1.0629	1.0152
乌海银行	1.6094	0.5832	1.4533	1.1074	0.9387	0.7581	1.1141	1.0000	0.7581	0.8446
桂林银行	0.8264	0.6884	0.8314	0.9940	0.5689	1.2100	0.7799	1.2027	1.0061	0.9437
广西北部湾银行	3.9681	0.4684	2.0673	1.9195	1.8588	1.1097	1.2131	0.7248	1.5310	1.3462

银行	2014~2015 年					2015~2016 年				
	技术效率变化指数	技术进步变化指数	纯技术效率变化指数	规模效率变化指数	全要素生产率变化指数	技术效率变化指数	技术进步变化指数	纯技术效率变化指数	规模效率变化指数	全要素生产率变化指数
柳州银行	0.7946	0.4162	0.7690	1.0332	0.3307	0.7747	1.0504	0.6957	1.1135	0.8138
成都银行	0.9153	0.4640	0.6016	1.5214	0.4247	1.0533	0.7497	0.7652	1.3764	0.7896
南充市商业银行	0.8111	0.5716	0.8131	0.9976	0.4636	0.6591	1.0376	0.6990	0.9430	0.6839
德阳银行	1.7553	0.3286	1.3483	1.3018	0.5769	1.0141	1.0151	0.9643	1.0516	1.0294
乐山市商业银行	1.3516	0.4417	0.8932	1.5133	0.5971	0.6798	1.0423	0.5815	1.1691	0.7086
攀枝花市商业银行	1.3262	0.4198	0.9884	1.3418	0.5567	0.6530	1.1238	0.5823	1.1215	0.7339
绵阳市商业银行	1.0185	0.4909	0.9462	1.0765	0.5000	0.7132	1.1169	0.6774	1.0528	0.7966
自贡市商业银行	2.1972	0.4187	1.0000	2.1972	0.9200	0.6208	1.0482	1.0000	0.6208	0.6508
泸州市商业银行	1.0000	0.8253	1.0000	1.0000	0.8253	1.0000	0.9545	1.0000	1.0000	0.9545
遂宁市商业银行	1.0000	0.6072	1.0000	1.0000	0.6072	0.5365	1.3483	1.0000	0.5365	0.7233
宜宾市商业银行	0.7360	0.5702	0.5498	1.3388	0.4196	0.7259	1.1738	1.1195	0.6484	0.8521
凉山州商业银行	1.0000	0.5315	1.0000	1.0000	0.5315	0.2361	1.0941	1.0000	0.2361	0.2583
达州市商业银行	1.1895	0.5347	1.0000	1.1895	0.6361	0.6079	0.8687	1.0000	0.6079	0.5281
重庆银行	0.9078	0.6245	0.8037	1.1294	0.5669	1.4563	0.6853	1.0737	1.3563	0.9980
重庆三峡银行	0.7712	0.6986	0.8556	0.9014	0.5387	0.9014	0.8534	0.7905	1.1402	0.7693
贵州银行	1.4862	0.2959	0.5143	2.8899	0.4398	1.2873	0.6978	1.1267	1.1425	0.8982
贵阳银行	1.5411	0.4715	1.0000	1.5411	0.7266	0.7376	0.8486	0.8167	0.9032	0.6259
富滇银行	0.8970	0.5553	0.8416	1.0658	0.4981	0.9401	0.8299	0.6641	1.4155	0.7801
曲靖市商业银行	0.7180	0.5746	0.7329	0.9796	0.4126	0.4724	0.9586	0.5919	0.7982	0.4529
长安银行	0.8163	0.4359	0.8269	0.9872	0.3558	0.9261	0.8806	0.7742	1.1963	0.8155
晋商银行	1.7367	0.3101	1.1273	1.5406	0.5385	0.7597	0.9326	0.6221	1.2211	0.7085
西安银行	0.7846	0.5812	0.8004	0.9802	0.4560	1.1062	0.7605	0.7913	1.3979	0.8412
甘肃银行	1.6387	0.4520	0.5573	2.9404	0.7406	2.1709	0.6371	1.7943	1.2099	1.3830
兰州银行	2.8853	0.2469	0.5412	5.3311	0.7125	0.9472	0.7611	0.7513	1.2607	0.7209
青海银行	0.4705	0.6992	0.5214	0.9024	0.3290	0.7174	1.1294	0.6627	1.0826	0.8103
宁夏银行	1.0330	0.3973	0.8528	1.2113	0.4104	0.9147	0.6367	0.6547	1.3972	0.5824
昆仑银行	1.0000	0.6481	1.0000	1.0000	0.6481	1.0000	0.6644	1.0000	1.0000	0.6644
乌鲁木齐商业银行	1.3260	0.4010	0.9762	1.3584	0.5318	0.7032	0.8895	0.5821	1.2079	0.6255

续表

银行	2014～2015 年					2015～2016 年				
	技术效率变化指数	技术进步变化指数	纯技术效率变化指数	规模效率变化指数	全要素生产率变化指数	技术效率变化指数	技术进步变化指数	纯技术效率变化指数	规模效率变化指数	全要素生产率变化指数
石嘴山银行	1.3906	0.5296	1.2758	1.0900	0.7365	0.7218	1.0057	0.8966	0.8051	0.7259
西藏银行	1.0000	0.9266	1.0000	1.0000	0.9266	1.0000	0.9002	1.0000	1.0000	0.9002
均值	1.3033	0.4618	1.0108	1.2894	0.6019	0.9066	0.8884	0.8456	1.0721	0.8055

通过表 3 - 9、表 3 - 10 可以发现，2012～2016 年，除 2013 年我国城市商业银行的 Malmquist 指数大于 1 外，其余年度均小于 1，在整体变化趋势上 Malmquist 指数呈现一定的波动状态，即不同年度商业银行效率提高幅度有所差异。虽然年度均值是对全要素生产率简单算术平均的结果，没有考虑各城市商业银行所占的市场份额及其所应占有的权重，但也可以充分说明我国城市商业银行的发展态势呈衰退趋势，效率值有待提高。

3.1.6 研究结论

（1）静态分析结论：横向角度分析可知，样本期间内各城市商业银行资金集聚效率普遍高于获利效率和综合效率，资金集聚效率值呈逐年上升趋势，获利效率值上下浮动，综合效率值波动较小。纵向角度分析发现，各城市商业银行的阶段效率和综合效率都呈上升态势，其中 2015 年各效率值最高。从各城市商业银行角度来看，样本期间阶段效率和综合效率均较高的银行有北京银行、唐山银行、盛京银行、昆仑银行和西藏银行等。

（2）动态分析结论：样本期间内，各城市商业银行的技术进步变化指数与全要素生产率变化指数变化趋势整体上保持一致，而技术效率变化指数与全要素生产率变化指数变化并不存在显著相关性。由此可知，全要素生产率深受技术进步变化的制约，技术进步变化是影响各城市商业银行综合效率的主要原因。

（3）相关性结论：静态分析维度，样本期间内资金集聚效率与获利效率的相关系数为 0.0604～0.1776，两者几乎没有相关性；综合效率与资金集聚效率的相关系数介于 0.7375 ~ 0.9734，综合效率与获利效率的相关系数介于 0.1633 ~ 0.5513，说明综合效率与资金集聚效率有较强的正相关性，原因在于样本期间的资金集聚效率普遍高于获利效率。

3.2　基于随机前沿分析的效率测度

3.2.1　模型概述

3.2.1.1　模型的选择

目前，很多学者开展了关于"效率"在各领域的实证研究。主要研究不同领域的规模效益、技术效率、纯技术效率、经济效率等。在经济学中，技术效率是指在既定的投入下产出可增加的能力或在既定的产出下投入可减少的能力，常用的度量技术效率的方法是生产前沿分析法。所谓的生产前沿，指的是在一定的技术水平下，各种比例投入所对应的最大产出集合。而生产前沿通常用生产函数来表示。

诸如 DEA 等非参数的方法进行生产前沿分析时，未考虑随机因素对生产率和效率的影响，将影响最优产出和平均产出的全部误差归入单侧的一个误差项，称为生产非效率。而随机前沿分析考虑随机误差对决策单元效率的影响，认为误差项是由随机扰动项 v（不可控）和技术损失误差项 u（可控）两部分组成。

确定性前沿生产函数模型一般有如下形式：

$$y = f(X)\exp(-u) \tag{3-11}$$

其中 $u \geqslant 0$，因而 $\exp(-u)$ 为 0 ~ 1，反映了生产函数的非效率程度，也就是实际产出与最大产出的距离。在不考虑随机因素的情况下直接采用线性规划的方法即可计算前沿面。

在确定生产函数的基础上，Aigner、Lovell 和 Schmidt（1977）以及 Meeusen 和 Broeck（1977）分别提出了随机前沿生产函数模型，其具体形式如下：

$$\ln q_i = x'_i \beta + v_i - u_i \tag{3-12}$$

式（3-12）中，q_i 代表第 i 家公司的产出，x_i 是包含投入对数的 $k \times 1$ 向量；β 是待估参数的列向量；u_i 是与技术效率相关的非负随机变量；v_i 为观测误差及其他随机因素。

式（3 - 12）中，产出值的上界是随机变量 exp（$x'_i\beta + v_i$）。随机误差 v_i 可以是正值也可以是负值，因此随机前沿面的产出对于前沿面模型的确定部分 exp（$x'_i\beta$）是有偏差的。为了方便说明，假设只有唯一的投入 x_i 获得产出 q_i。在这个前提下的科布 - 道格拉斯随机前沿生产函数（C - D 函数）如下：

$$\ln q_i = \beta_0 + \beta_1 \ln x_i + v_i - u_i \tag{3 - 13}$$

在现有的研究中，对生产函数的设定早期多用柯布—道格拉斯生产函数（C - D），对生产函数中的指数项进行估计。这种方法忽略了各类产出间的相关性以及产出的弹性。C - D 生产函数的结构较为简单，自变量只为投入价格和产出，小样本下确定参数较为容易。但 C - D 成本函数假设银行规模收益不变，这导致其无法反映受规模变化影响的真实成本效率情况。为克服 C - D 生产函数的缺点，使之放松条件约束更为接近经济实践，经济学家以后的研究逐渐采用超越对数生产函数的形式。超越对数生产函数具有二次可微分的二阶近似的形式，且允许各种银行产出为个别变量，生产要素之间也无须具有固定替代弹性、齐次性等条件限制，包含了投入及产出指标的相互交叉项等。对我国商业银行来说，它们的规模和收益都是变动的，我们在考虑其效率的同时应该考虑投入变量的交叉项，不能简单使用 C - D 生产函数，这样才能够有效测算我国商业银行的效率。本书决定采用超越对数生产函数对我国城市商业银行的效率进行评价，除了符合城市商业银行规模收益可变的实际情况外，超越对数生产函数在使用时，没有生产要素之间必须具备固定替代弹性的限制，且不要求生产要素具有齐次性，另外它还具有的优点就是所设定的产出变量可以是单个的变量，从而具有易估计性和包容性等优点，更有利于我们测算商业银行的效率。

该方法假定非效率项服从非对称分布，例如半正态分布，而随机误差项服从对称分布（通称假定为标准正态分布），并假定非效率项和随机误差项与估计方程中投入产出变量不相关。超越对数生产函数模型可表述为：

$$\ln y = x'_i\beta_i + v_i - u_i = \beta_0 + \beta_1 \ln x_1 + \beta_2 \ln x_2 + \beta_3 \ln x_3 + \beta_4 \ln x_4 + \beta_5 (\ln x_1)^2 +$$
$$\beta_6 (\ln x_2)^2 + \beta_7 (\ln x_3)^2 + \beta_8 (\ln x_4)^2 + \beta_9 (\ln x_1)(\ln x_2) + \beta_{10} (\ln x_1)(\ln x_3) +$$
$$\beta_{11} (\ln x_1)(\ln x_4) + \beta_{12} (\ln x_2)(\ln x_3) + \beta_{13} (\ln x_2)(\ln x_4) + \beta_{14} (\ln x_3)(\ln x_4)$$

其中：x_1、x_2、x_3、x_4 分别代表银行员工数、所有者权益、营业支出、一级核心资本，y 代表银行利息净收入、非利息收入和不良贷款，β_i 代表待求系数值（$i = 1, 2, 3, \cdots, 14$），x'_i 是包含投入对数的 $k \times 1$ 向量；u_i 是与技术无效率相关的非负随机向量；v_i 是观测误差及其他随机因素。在 SFA 中，v_i 的分布是对称形式的，而 u_i 的分布形式则有多种，比如存在半正态、截断、γ 等分布形式，而比较这三种分布形式的统计结果后两者的统计结果比前者更显著，同时前两者的分布又类似于随机误差项，所以要区分随机误差 v_i 与技术非效率 u_i。目前，国内学者关于 u_i 一般使用半正态分布的形式，本书继续采用这一形式。

在确定了生产函数的形式之后，根据技术非效率项 u_i 的分布形态，可利用极大似然法估算出生产函数中的各个参数值。

3.2.1.2 SFA 法的统计检验

在 SFA 分析方法中，对效率评价结果的统计检验主要包括以下两个方面：

（1）对变差率 γ 的判断。首先定义组合方差 $\sigma_u^2 \div (\sigma_u^2 + \sigma_v^2)$，则技术非效率项方差在组合中所占的比率用变差率 $\gamma = \dfrac{\sigma_u^2}{\sigma_u^2 + \sigma_v^2}$ 来表示技术无效率项对产出是否有显著影响。其中，$\sigma^2 = \sigma_u^2 + \sigma_v^2$ 是误差项的总体方差；σ_u^2 是技术无效率项的方差；σ_v^2 是随机因素的方差。可以看出，$0 \leqslant \gamma \leqslant 1$，当 $\gamma = 0$ 时，表示 $\sigma_u^2 = 0$，可控的技术无效率因素方差为 0，误差项主要由随机因素所致，即技术无效率因素影响产出不显著，也就是说产出或成本函数没有受到技术无效率因素的显著影响。反之，当 $\gamma = 1$ 时，表示误差项主要由技术无效率因素所致，即 σ_u^2 导致了全部的误差。在正式进行 SFA 分析之前，首先要对变差率 γ 进行测算，在 γ 的值满足 $0 < \gamma \leqslant 1$ 的情况下才能证明所要研究的问题适合使用 SFA 的方法去做，否则只需通过最小二乘法进行回归分析即可。

（2）变差率的零假设统计检验。在用 SFA 法来评价商业银行技术效率时，我们检验所选择的前沿生产函数是否有效的主要依据是看变差率的零假设统计检验结果能否被拒绝。若计算所得的变差率的零假设被拒绝，就说明了此时银行的技术非效率不存在，并且表明此时我们选用了一个无效的前沿生产函数。

Battese 和 Coelli（1992）认为对变差率的零假设统计检验可以通过对变差率单边似然比检验统计量 LR 的显著性检验来实现。它的检验统计量为 LR =

$-2\{[\ln(L(H_0)]-[\ln(L(H_1))]\}$，它服从于渐进的 λ^2 分布，H_0 表示效率差异不存在的原假设，H_1 表示效率差异存在的备选假设，$L(H_0)$ 表示原假设成立时的对数似然函数的值，$L(H_1)$ 表示备选假设成立时的对数似然函数的值。随机前沿法中，我们用单边似然比对统计量 LR 进行检验，此时是按照自由度为 n，显著性为 5% 的 Mixedx^2 分布来对统计量 LR 检验的。这里的 n 为设定前沿生产函数中的约束条件的个数，也就是含有技术非效率项的生产函数模型与不含有技术非效率项的生产函数模型这两者之间待考察参数的个数之差。如果 LR 大于 λ_n^2（n 表示自由度）分布的临界值，则认为样本之间的效率差异是存在的；否则，认为样本之间的效率差异不存在。

3.2.1.3　对参数的估计

本书使用 Frontier 4.1（Coelli，1996）对上面模型中的参数进行估计。Frontier 4.1 可以用来获得随机前沿生产函数和随机前沿成本函数的极大似然估计，并可以采用面板数据、随时间可变或不变效率、半正态或截断正态分布、因变量是对数或者是原值的函数形式，所以可以采用此程序。

3.2.2　指标选取及数据来源

在进行银行效率测度的时候，对投入产出指标的选择很重要。在已有的研究中，指标的选取主要有生产法、中介法和资产法三种。其中，生产法将银行业类比于一般制造业，认为银行是金融产品的生产者，强调收入支出的关系，由于随机前沿分析方法只适用于多投入、单产出的情况，为了使产出更具有代表性，本书分别将银行利息净收入、非利息收入、不良贷款作为产出指标，将银行员工数、所有者权益、营业支出、一级资本净额作为投入指标，以期探究在相同投入、不同产出的情况下，我国商业银行的效率值的异同。

本书选取我国 116 家商业银行 2012～2016 年的相关数据作为研究样本，所使用的资料均来源于各个银行的年报和 2012～2016 年的中国金融年鉴以及相关网站，数据来自各家银行的资产负债表和损益表。

3.2.3　实证分析及结果

依据以上所选指标及相应的模型选择形式，采用 Frontier 4.1 对生产函数模型中的参数进行了估计，得出各个参数的估计值，对模型的统计检验采用变差率和对变差率的零假设统计检验，即对成本函数的单边似然比检验统计量 LR 的显著性检验来判断，当产出分别为利息净收入、非利息收入和不良贷款时，其参数估计结果分别如表 3－11 至表 3－13 所示。

表 3－11　产出为利息净收入时商业银行生产函数模型参数估计值

变量	系数	标准差	T 检验值	变量	系数	标准差	T 检验值
常数项 β_0	－ 3.0719	1.2901	－ 2.3810	$(\ln x_1)(\ln x_2)$	－ 2.5418	4.3541	－ 0.5838
$\ln x_1$	2.6557	0.7972	3.3315	$(\ln x_1)(\ln x_3)$	1.0568	0.4366	2.4207
$\ln x_2$	1.8851	11.5133	0.1637	$(\ln x_1)(\ln x_4)$	1.8336	4.2257	0.4339
$\ln x_3$	－ 1.5660	1.4224	－ 1.1001	$(\ln x_2)(\ln x_3)$	－ 13.258	6.6048	－ 2.0073
$\ln x_4$	－ 1.4147	11.1629	－ 0.1267	$(\ln x_2)(\ln x_4)$	－ 14.501	48.2693	－ 0.3004
$(\ln x_1)^2$	－ 0.3840	0.1278	－ 3.0524	$(\ln x_3)(\ln x_4)$	13.072	6.5051	2.0095
$(\ln x_2)^2$	13.1537	26.7809	0.4912	σ^2	0.1028	0.0099	10.3925
$(\ln x_3)^2$	－ 0.4285	0.4762	－ 0.8997	γ	0.3727	0.0603	6.1781
$(\ln x_4)^2$	2.0113	21.6566	0.0929				

表 3－12　产出为非利息收入时商业银行生产函数模型参数估计值

变量	系数	标准差	T 检验值	变量	系数	标准差	T 检验值
常数项 β_0	－ 1.1020	2.1036	－ 0.5239	$(\ln x_1)(\ln x_2)$	－ 17.332	8.9572	－ 1.9350
$\ln x_1$	－ 0.2279	1.2356	－ 0.1844	$(\ln x_1)(\ln x_3)$	0.0802	0.7339	0.1092
$\ln x_2$	62.4357	21.3712	2.9215	$(\ln x_1)(\ln x_4)$	17.350	8.7039	1.9934
$\ln x_3$	0.0919	2.4018	0.0383	$(\ln x_2)(\ln x_3)$	12.713	10.291	1.2354
$\ln x_4$	－ 60.5327	20.7063	2.9234	$(\ln x_2)(\ln x_4)$	73.799	82.878	0.8905
$(\ln x_1)^2$	0.0315	0.1940	0.1623	$(\ln x_3)(\ln x_4)$	－ 11.553	10.163	1.1368
$(\ln x_2)^2$	－ 43.3485	46.1256	－ 0.9398	σ^2	0.9535	0.1368	6.9683
$(\ln x_3)^2$	－ 0.6266	0.8534	－ 0.7342	γ	0.7871	0.0379	23.224
$(\ln x_4)^2$	－ 31.2795	37.0488	－ 0.8443				

表 3-13　产出为不良贷款时商业银行生产函数模型参数估计值

变量	系数	标准差	T检验值	变量	系数	标准差	T检验值
常数项 β_0	35.7713	21.5058	1.6633	$(\ln x_1)(\ln x_2)$	-59.701	77.4905	-0.7704
$\ln x_1$	3.9698	13.7024	0.2897	$(\ln x_1)(\ln x_3)$	-10.453	7.4504	-1.4030
$\ln x_2$	192.909	188.525	1.0232	$(\ln x_1)(\ln x_4)$	67.753	75.1517	0.9016
$\ln x_3$	-6.2547	24.1719	-0.2587	$(\ln x_2)(\ln x_3)$	159.34	94.5221	1.6858
$\ln x_4$	-245.590	182.260	-1.3475	$(\ln x_2)(\ln x_4)$	504.40	9.0588	55.680
$(\ln x_1)^2$	-1.3563	2.4166	-0.5612	$(\ln x_3)(\ln x_4)$	-139.85	93.4778	-1.4879
$(\ln x_2)^2$	-295.46	29.825	-9.907	σ^2	70.921	11.852	5.9840
$(\ln x_3)^2$	5.3528	8.5909	0.6231	γ	0.7607	0.0451	16.882
$(\ln x_4)^2$	-202.55	33.9319	-5.9693				

其中，输出结果中的变差率 γ 表示技术无效率影响因素对个体效率差异的解释程度，其值的大小分别为 0.3727、0.7871、0.7607，均满足 $0 < \gamma \leqslant 1$，表明误差项同时是由随机误差与技术非效率组成，满足使用随机前沿分析的方法来进行效率测算的条件。

实证结果显示单边似然检验（LR）的值的大小分别为 92.96、175.22、172.16，LR 的值用于检验不同样本点之间的效率差异是否存在，由于它的检验统计量为 $LR = -2\{[\ln(L(H_0))] - [\ln(L(H_1))]\}$，并且服从于渐进的 λ^2 分布，H_0 表示效率差异不存在的原假设，H_1 表示效率差异存在的备选假设，$L(H_0)$ 表示原假设成立时的对数似然函数的值，$L(H_1)$ 表示备选假设成立时的对数似然函数的值。如果 LR 大于 λ_n^2（n 表示自由度）分布的临界值，则认为样本之间的效率差异是存在的；否则，认为样本之间的效率差异不存在。在自由度为 4（柯布-道格拉斯生产函数中自变量的个数），显著性为 5% 的情况下，λ^2 的临界值为 7.79，因此，结合软件输出结果得到的单边似然比检验统计量 LR 值均大于 7.79，这表明上述模型的估计都是有效的，样本银行之间的效率差异是存在的。在此基础之上可以进行以下各银行效率值的测算工作。

当产出是利息净收入时，采用 Frontier 4.1 软件得出的效率值计算结果如表 3-14 至表 3-18 所示：

表 3 - 14   2012 年 115 家城市商业银行技术效率值

银行	效率值	银行	效率值	银行	效率值	银行	效率值
北京银行	0.7336	杭州银行	0.8436	东莞银行	0.8422	南充市商业银行	0.8338
天津银行	0.7336	温州银行	0.7261	广东南粤银行	0.7446	德阳银行	0.8216
河北银行	0.7336	浙江稠州商业银行	0.8294	珠海华润银行	0.7199	乐山市商业银行	0.8466
廊坊银行	0.8066	台州银行	0.9164	广东华兴银行	0.2535	攀枝花市商业银行	0.8984
张家口银行	0.8066	绍兴银行	0.8179	郑州银行	0.8125	绵阳市商业银行	0.8711
唐山银行	0.8066	浙江泰隆商业银行	0.8937	洛阳银行	0.8718	自贡市商业银行	0.7889
沧州银行	0.8655	金华银行	0.8241	平顶山银行	0.8811	泸州市商业银行	0.8310
承德银行	0.9030	宁波商通银行	0.6256	焦作市商业银行	0.6547	遂宁市商业银行	0.8880
邯郸银行	0.8573	嘉兴银行	0.8338	汉口银行	0.7594	宜宾市商业银行	0.7840
衡水银行	0.8646	湖州银行	0.8713	湖北银行	0.8438	凉山州商业银行	0.8526
秦皇岛银行	0.8720	浙江民泰商业银行	0.9166	长沙银行	0.7309	达州市商业银行	0.8691
盛京银行	0.7467	厦门国际银行	0.7184	华融湘江银行	0.7884	重庆银行	0.8759
锦州银行	0.8013	厦门银行	0.6540	江西银行	0.6034	重庆三峡银行	0.8256
丹东银行	0.8500	福建海峡银行	0.8637	九江银行	0.8522	贵州银行	0.8804
抚顺银行	0.8482	泉州银行	0.7939	赣州银行	0.7774	贵阳银行	0.8871
朝阳银行	0.8293	青岛银行	0.7277	徽商银行	0.8429	富滇银行	0.8247
葫芦岛银行	0.8263	齐商银行	0.8568	晋城银行	0.7640	曲靖市商业银行	0.8340
盘锦银行	0.8414	临商银行	0.9018	大同市商业银行	0.7463	长安银行	0.8493
本溪市商业银行	0.7431	莱商银行	0.8761	长治银行	0.8449	晋商银行	0.7990
大连银行	0.7801	东营银行	0.8809	吉林银行	0.7935	西安银行	0.8451
营口银行	0.3312	烟台银行	0.8284	哈尔滨银行	0.7948	甘肃银行	0.9020
阜新银行	0.7448	泰安银行	0.8072	龙江银行	0.8409	兰州银行	0.9042
鞍山银行	0.7689	济宁银行	0.9133	包商银行	0.2410	青海银行	0.9131
辽阳银行	0.8535	枣庄银行	0.8758	内蒙古银行	0.7671	宁夏银行	0.8711
上海银行	0.7927	齐鲁银行	0.8277	乌海银行	0.8707	昆仑银行	0.7735
江苏银行	0.8922	威海市商业银行	0.8041	桂林银行	0.7666	乌鲁木齐商业银行	0.8929
南京银行	0.7770	日照银行	0.9041	广西北部湾银行	0.8029	石嘴山银行	0.8522
江苏长江银行	0.8119	潍坊银行	0.8845	柳州银行	0.6075	西藏银行	0.8015
宁波银行	0.8743	广州银行	0.7379	成都银行	0.9020	均值	0.8070

注：中原银行于 2014 年成立，故表中为 115 家银行。

表 3－15　2013 年 115 家城市商业银行技术效率值

银行	效率值	银行	效率值	银行	效率值	银行	效率值
北京银行	0.7605	杭州银行	0.8604	东莞银行	0.8591	南充市商业银行	0.8515
天津银行	0.8004	温州银行	0.7536	广东南粤银行	0.7705	德阳银行	0.8405
河北银行	0.7865	浙江稠州商业银行	0.8475	珠海华润银行	0.7479	乐山市商业银行	0.8630
廊坊银行	0.8269	台州银行	0.9257	广东华兴银行	0.2981	攀枝花市商业银行	0.9096
张家口银行	0.8443	绍兴银行	0.8371	郑州银行	0.8322	绵阳市商业银行	0.8850
唐山银行	0.9148	浙江泰隆商业银行	0.9054	洛阳银行	0.8857	自贡市商业银行	0.8108
沧州银行	0.8801	金华银行	0.8427	平顶山银行	0.8941	泸州市商业银行	0.8489
承德银行	0.9137	宁波商通银行	0.6608	焦作市商业银行	0.6879	遂宁市商业银行	0.9003
邯郸银行	0.8727	嘉兴银行	0.8515	汉口银行	0.7840	宜宾市商业银行	0.8064
衡水银行	0.8793	湖州银行	0.8853	湖北银行	0.8605	凉山州商业银行	0.8685
秦皇岛银行	0.8859	浙江民泰商业银行	0.9259	长沙银行	0.7580	达州市商业银行	0.8833
盛京银行	0.7724	厦门国际银行	0.7465	华融湘江银行	0.8103	重庆银行	0.8894
锦州银行	0.8221	厦门银行	0.6872	江西银行	0.6401	重庆三峡银行	0.8441
丹东银行	0.8662	福建海峡银行	0.8784	九江银行	0.8681	贵州银行	0.8935
抚顺银行	0.8645	泉州银行	0.8153	赣州银行	0.8004	贵阳银行	0.8995
朝阳银行	0.8475	青岛银行	0.7551	徽商银行	0.8597	富滇银行	0.8433
葫芦岛银行	0.8447	齐商银行	0.8722	晋城银行	0.7882	曲靖市商业银行	0.8516
盘锦银行	0.8583	临商银行	0.9127	大同市商业银行	0.7721	长安银行	0.8655
本溪市商业银行	0.7691	莱商银行	0.8896	长治银行	0.8615	晋商银行	0.8200
大连银行	0.8029	东营银行	0.8939	吉林银行	0.8150	西安银行	0.8617
营口银行	0.3773	烟台银行	0.8466	哈尔滨银行	0.8161	甘肃银行	0.9129
阜新银行	0.7707	泰安银行	0.8274	龙江银行	0.8579	兰州银行	0.9148
鞍山银行	0.7927	济宁银行	0.9230	包商银行	0.2851	青海银行	0.9228
辽阳银行	0.8693	枣庄银行	0.8893	内蒙古银行	0.7910	宁夏银行	0.8851
上海银行	0.8143	齐鲁银行	0.8459	乌海银行	0.8847	昆仑银行	0.7968
江苏银行	0.9041	威海市商业银行	0.8246	桂林银行	0.7906	乌鲁木齐商业银行	0.9046
南京银行	0.8001	日照银行	0.9147	广西北部湾银行	0.8236	石嘴山银行	0.8681
江苏长江银行	0.8317	潍坊银行	0.8971	柳州银行	0.6439	西藏银行	0.8223
宁波银行	0.8880	广州银行	0.7644	成都银行	0.9128	均值	0.8263

注：中原银行于 2014 年成立，故表中为 115 家银行。

表 3 – 16   2014 年 116 家城市商业银行技术效率值

银行	效率值	银行	效率值	银行	效率值	银行	效率值
北京银行	0.7851	温州银行	0.7788	珠海华润银行	0.7736	乐山市商业银行	0.8778
天津银行	0.8214	浙江稠州商业银行	0.8639	广东华兴银行	0.3439	攀枝花市商业银行	0.9196
河北银行	0.8087	台州银行	0.9340	中原银行	0.8669	绵阳市商业银行	0.8976
廊坊银行	0.8453	绍兴银行	0.8545	郑州银行	0.8501	自贡市商业银行	0.8308
张家口银行	0.8610	浙江泰隆商业银行	0.9159	洛阳银行	0.8982	泸州市商业银行	0.8652
唐山银行	0.9243	金华银行	0.8596	平顶山银行	0.9057	遂宁市商业银行	0.9113
沧州银行	0.8932	宁波商通银行	0.6937	焦作市商业银行	0.7186	宜宾市商业银行	0.8268
承德银行	0.9234	嘉兴银行	0.8675	汉口银行	0.8064	凉山州商业银行	0.8828
邯郸银行	0.8866	湖州银行	0.8979	湖北银行	0.8756	达州市商业银行	0.8960
衡水银行	0.8925	浙江民泰商业银行	0.9342	长沙银行	0.7828	重庆银行	0.9016
秦皇岛银行	0.8984	厦门国际银行	0.7724	华融湘江银行	0.8303	重庆三峡银行	0.8608
盛京银行	0.7960	厦门银行	0.7180	江西银行	0.6745	贵州银行	0.9052
锦州银行	0.8410	福建海峡银行	0.8917	九江银行	0.8824	贵阳银行	0.9106
丹东银行	0.8807	泉州银行	0.8349	赣州银行	0.8213	富滇银行	0.8601
抚顺银行	0.8792	青岛银行	0.7802	徽商银行	0.8748	曲靖市商业银行	0.8676
朝阳银行	0.8639	齐商银行	0.8862	晋城银行	0.8103	长安银行	0.8801
葫芦岛银行	0.8614	临商银行	0.9224	大同市商业银行	0.7956	晋商银行	0.8391
盘锦银行	0.8736	莱商银行	0.9017	长治银行	0.8765	西安银行	0.8766
本溪市商业银行	0.7930	东营银行	0.9056	吉林银行	0.8345	甘肃银行	0.9226
大连银行	0.8236	烟台银行	0.8630	哈尔滨银行	0.8356	兰州银行	0.9243
营口银行	0.4233	泰安银行	0.8458	龙江银行	0.8732	青海银行	0.9314
阜新银行	0.7944	济宁银行	0.9316	包商银行	0.3307	宁夏银行	0.8977
鞍山银行	0.8144	枣庄银行	0.9015	内蒙古银行	0.8129	昆仑银行	0.8181
辽阳银行	0.8835	齐鲁银行	0.8625	乌海银行	0.8974	乌鲁木齐商业银行	0.9152
上海银行	0.8339	威海市商业银行	0.8432	桂林银行	0.8124	石嘴山银行	0.8824
江苏银行	0.9147	日照银行	0.9242	广西北部湾银行	0.8423	西藏银行	0.8411
南京银行	0.8210	潍坊银行	0.9085	柳州银行	0.6780	均值	0.8440
江苏长江银行	0.8497	广州银行	0.7886	成都银行	0.9225		
宁波银行	0.9003	东莞银行	0.8743	南充市商业银行	0.8675		
杭州银行	0.8755	广东南粤银行	0.7942	德阳银行	0.8576		

表 3-17　2015 年 116 家城市商业银行技术效率值

银行	效率值	银行	效率值	银行	效率值	银行	效率值
北京银行	0.8075	温州银行	0.8019	珠海华润银行	0.7971	乐山市商业银行	0.8912
天津银行	0.8404	浙江稠州商业银行	0.8787	广东华兴银行	0.3901	攀枝花市商业银行	0.9286
河北银行	0.8290	台州银行	0.9415	中原银行	0.8814	绵阳市商业银行	0.9090
廊坊银行	0.8620	绍兴银行	0.8703	郑州银行	0.8663	自贡市商业银行	0.8489
张家口银行	0.8761	浙江泰隆商业银行	0.9253	洛阳银行	0.9095	泸州市商业银行	0.8798
唐山银行	0.9328	金华银行	0.8748	平顶山银行	0.9162	遂宁市商业银行	0.9212
沧州银行	0.9050	宁波商通银行	0.7240	焦作市商业银行	0.7470	宜宾市商业银行	0.8453
承德银行	0.9320	嘉兴银行	0.8819	汉口银行	0.8269	凉山州商业银行	0.8956
邯郸银行	0.8991	湖州银行	0.9092	湖北银行	0.8892	达州市商业银行	0.9075
衡水银行	0.9043	浙江民泰商业银行	0.9417	长沙银行	0.8055	重庆银行	0.9125
秦皇岛银行	0.9097	厦门国际银行	0.7960	华融湘江银行	0.8485	重庆三峡银行	0.8759
盛京银行	0.8174	厦门银行	0.7464	江西银行	0.7064	贵州银行	0.9157
锦州银行	0.8581	福建海峡银行	0.9037	九江银行	0.8953	贵阳银行	0.9205
丹东银行	0.8938	泉州银行	0.8526	赣州银行	0.8403	富滇银行	0.8753
抚顺银行	0.8924	青岛银行	0.8031	徽商银行	0.8885	曲靖市商业银行	0.8820
朝阳银行	0.8787	齐商银行	0.8987	晋城银行	0.8303	长安银行	0.8932
葫芦岛银行	0.8765	临商银行	0.9311	大同市商业银行	0.8171	晋商银行	0.8564
盘锦银行	0.8875	莱商银行	0.9126	长治银行	0.8900	西安银行	0.8902
本溪市商业银行	0.8147	东营银行	0.9161	吉林银行	0.8523	甘肃银行	0.9313
大连银行	0.8424	烟台银行	0.8779	哈尔滨银行	0.8532	兰州银行	0.9328
营口银行	0.4685	泰安银行	0.8624	龙江银行	0.8871	青海银行	0.9392
阜新银行	0.8160	济宁银行	0.9393	包商银行	0.3769	宁夏银行	0.9090
鞍山银行	0.8341	枣庄银行	0.9124	内蒙古银行	0.8327	昆仑银行	0.8374
辽阳银行	0.8963	齐鲁银行	0.8774	乌海银行	0.9087	乌鲁木齐商业银行	0.9247
上海银行	0.8517	威海市商业银行	0.8601	桂林银行	0.8323	石嘴山银行	0.8953
江苏银行	0.9242	日照银行	0.9327	广西北部湾银行	0.8593	西藏银行	0.8582
南京银行	0.8401	潍坊银行	0.9187	柳州银行	0.7096	均值	0.8602
江苏长江银行	0.8659	广州银行	0.8108	成都银行	0.9312		
宁波银行	0.9114	东莞银行	0.8881	南充市商业银行	0.8819		
杭州银行	0.8891	广东南粤银行	0.8158	德阳银行	0.8730		

表 3 - 18　2016 年 116 家城市商业银行技术效率值

银行	效率值	银行	效率值	银行	效率值	银行	效率值
北京银行	0.8280	温州银行	0.8228	珠海华润银行	0.8185	乐山市商业银行	0.9032
天津银行	0.8576	浙江稠州商业银行	0.8920	广东华兴银行	0.4361	攀枝花市商业银行	0.9367
河北银行	0.8473	台州银行	0.9481	中原银行	0.8944	绵阳市商业银行	0.9191
廊坊银行	0.8770	绍兴银行	0.8845	郑州银行	0.8809	自贡市商业银行	0.8653
张家口银行	0.8897	浙江泰隆商业银行	0.9337	洛阳银行	0.9196	泸州市商业银行	0.8930
唐山银行	0.9404	金华银行	0.8885	平顶山银行	0.9256	遂宁市商业银行	0.9300
沧州银行	0.9156	宁波商通银行	0.7520	焦作市商业银行	0.7730	宜宾市商业银行	0.8620
承德银行	0.9396	嘉兴银行	0.8949	汉口银行	0.8454	凉山州商业银行	0.9072
邯郸银行	0.9103	湖州银行	0.9193	湖北银行	0.9015	达州市商业银行	0.9178
衡水银行	0.9150	浙江民泰商业银行	0.9483	长沙银行	0.8261	重庆银行	0.9223
秦皇岛银行	0.9198	厦门国际银行	0.8175	华融湘江银行	0.8649	重庆三峡银行	0.8895
盛京银行	0.8369	厦门银行	0.7725	江西银行	0.7358	贵州银行	0.9252
锦州银行	0.8735	福建海峡银行	0.9144	九江银行	0.9069	贵阳银行	0.9295
丹东银行	0.9055	泉州银行	0.8686	赣州银行	0.8576	富滇银行	0.8890
抚顺银行	0.9043	青岛银行	0.8239	徽商银行	0.9008	曲靖市商业银行	0.8950
朝阳银行	0.8920	齐商银行	0.9099	晋城银行	0.8486	长安银行	0.9050
葫芦岛银行	0.8900	临商银行	0.9389	大同市商业银行	0.8366	晋商银行	0.8720
盘锦银行	0.8999	莱商银行	0.9224	长治银行	0.9022	西安银行	0.9023
本溪市商业银行	0.8344	东营银行	0.9255	吉林银行	0.8683	甘肃银行	0.9390
大连银行	0.8594	烟台银行	0.8913	哈尔滨银行	0.8691	兰州银行	0.9404
营口银行	0.5124	泰安银行	0.8774	龙江银行	0.8995	青海银行	0.9461
阜新银行	0.8356	济宁银行	0.9462	包商银行	0.4230	宁夏银行	0.9192
鞍山银行	0.8519	枣庄银行	0.9222	内蒙古银行	0.8507	昆仑银行	0.8550
辽阳银行	0.9078	齐鲁银行	0.8909	乌海银行	0.9189	乌鲁木齐商业银行	0.9332
上海银行	0.8678	威海市商业银行	0.8753	桂林银行	0.8503	石嘴山银行	0.9069
江苏银行	0.9328	日照银行	0.9403	广西北部湾银行	0.8746	西藏银行	0.8736
南京银行	0.8573	潍坊银行	0.9278	柳州银行	0.7388	均值	0.8749
江苏长江银行	0.8806	广州银行	0.8309	成都银行	0.9390		
宁波银行	0.9213	东莞银行	0.9004	南充市商业银行	0.8949		
杭州银行	0.9014	广东南粤银行	0.8355	德阳银行	0.8869		

当产出是非利息收入时，采用 Frontier 4.1 软件得出的效率值计算结果如表 3-19 至表 3-23 所示：

表 3-19　2012 年 115 家城市商业银行技术效率值

银行	效率值	银行	效率值	银行	效率值	银行	效率值
北京银行	0.8886	杭州银行	0.7550	东莞银行	0.7816	南充市商业银行	0.9009
天津银行	0.8088	温州银行	0.8593	广东南粤银行	0.7944	德阳银行	0.8458
河北银行	0.8268	浙江稠州商业银行	0.8930	珠海华润银行	0.8302	乐山市商业银行	0.7936
廊坊银行	0.7620	台州银行	0.9169	广东华兴银行	0.8580	攀枝花市商业银行	0.7605
张家口银行	0.6948	绍兴银行	0.7590	郑州银行	0.8694	绵阳市商业银行	0.7353
唐山银行	0.5950	浙江泰隆商业银行	0.6656	洛阳银行	0.7538	自贡市商业银行	0.8851
沧州银行	0.3713	金华银行	0.7915	平顶山银行	0.6350	泸州市商业银行	0.9383
承德银行	0.6120	宁波商通银行	0.7137	焦作市商业银行	0.9119	遂宁市商业银行	0.9360
邯郸银行	0.6369	嘉兴银行	0.7721	汉口银行	0.8198	宜宾市商业银行	0.7382
衡水银行	0.7727	湖州银行	0.6611	湖北银行	0.7828	凉山州商业银行	0.7037
秦皇岛银行	0.7904	浙江民泰商业银行	0.8594	长沙银行	0.8199	达州市商业银行	0.8909
盛京银行	0.8771	厦门国际银行	0.8523	华融湘江银行	0.8351	重庆银行	0.7917
锦州银行	0.8617	厦门银行	0.8396	江西银行	0.4592	重庆三峡银行	0.8546
丹东银行	0.6783	福建海峡银行	0.7769	九江银行	0.7876	贵州银行	0.6113
抚顺银行	0.7308	泉州银行	0.8376	赣州银行	0.8237	贵阳银行	0.8538
朝阳银行	0.7583	青岛银行	0.8218	徽商银行	0.8518	富滇银行	0.7814
葫芦岛银行	0.5479	齐商银行	0.7013	晋城银行	0.8497	曲靖市商业银行	0.7184
盘锦银行	0.3528	临商银行	0.6423	大同市商业银行	0.6086	长安银行	0.8082
本溪市商业银行	0.3697	莱商银行	0.6545	长治银行	0.6517	晋商银行	0.8020
大连银行	0.7349	东营银行	0.7661	吉林银行	0.8489	西安银行	0.8302
营口银行	0.9515	烟台银行	0.7190	哈尔滨银行	0.9464	甘肃银行	0.5560
阜新银行	0.8916	泰安银行	0.9044	龙江银行	0.8899	兰州银行	0.5373
鞍山银行	0.9062	济宁银行	0.4687	包商银行	0.9292	青海银行	0.8296
辽阳银行	0.7596	枣庄银行	0.6928	内蒙古银行	0.9056	宁夏银行	0.6683
上海银行	0.9002	齐鲁银行	0.8038	乌海银行	0.8515	昆仑银行	0.8645
江苏银行	0.7597	威海市商业银行	0.8544	桂林银行	0.8271	乌鲁木齐商业银行	0.7708
南京银行	0.8503	日照银行	0.8213	广西北部湾银行	0.7781	石嘴山银行	0.7995
江苏长江银行	0.4295	潍坊银行	0.8109	柳州银行	0.7985	西藏银行	0.3726
宁波银行	0.8272	广州银行	0.8458	成都银行	0.7499	均值	0.7649

注：中原银行于 2014 年成立，故表中为 115 家银行。

表 3 – 20 2013 年 115 家城市商业银行技术效率值

银行	效率值	银行	效率值	银行	效率值	银行	效率值
北京银行	0.8651	杭州银行	0.7080	东莞银行	0.7388	南充市商业银行	0.8798
天津银行	0.7706	温州银行	0.8301	广东南粤银行	0.7538	德阳银行	0.8142
河北银行	0.7917	浙江稠州商业银行	0.8703	珠海华润银行	0.7957	乐山市商业银行	0.7528
廊坊银行	0.7161	台州银行	0.8989	广东华兴银行	0.8286	攀枝花市商业银行	0.7143
张家口银行	0.6390	绍兴银行	0.7125	郑州银行	0.8421	绵阳市商业银行	0.6852
唐山银行	0.5276	浙江泰隆商业银行	0.6059	洛阳银行	0.7066	自贡市商业银行	0.8609
沧州银行	0.2946	金华银行	0.7503	平顶山银行	0.5717	泸州市商业银行	0.9247
承德银行	0.5462	宁波商通银行	0.6604	焦作市商业银行	0.8929	遂宁市商业银行	0.9219
邯郸银行	0.5738	嘉兴银行	0.7277	汉口银行	0.7835	宜宾市商业银行	0.6886
衡水银行	0.7285	湖州银行	0.6009	湖北银行	0.7402	凉山州商业银行	0.6490
秦皇岛银行	0.7490	浙江民泰商业银行	0.8303	长沙银行	0.7837	达州市商业银行	0.8678
盛京银行	0.8513	厦门国际银行	0.8219	华融湘江银行	0.8015	重庆银行	0.7506
锦州银行	0.8330	厦门银行	0.8069	江西银行	0.3831	重庆三峡银行	0.8246
丹东银行	0.6202	福建海峡银行	0.7333	九江银行	0.7458	贵州银行	0.5455
抚顺银行	0.6801	泉州银行	0.8045	赣州银行	0.7881	贵阳银行	0.8237
朝阳银行	0.7118	青岛银行	0.7859	徽商银行	0.8213	富滇银行	0.7386
葫芦岛银行	0.4764	齐商银行	0.6463	晋城银行	0.8188	曲靖市商业银行	0.6658
盘锦银行	0.2766	临商银行	0.5799	大同市商业银行	0.5425	长安银行	0.7699
本溪市商业银行	0.2930	莱商银行	0.5935	长治银行	0.5903	晋商银行	0.7626
大连银行	0.6847	东营银行	0.7208	吉林银行	0.8179	西安银行	0.7958
营口银行	0.9406	烟台银行	0.6665	哈尔滨银行	0.9345	甘肃银行	0.4852
阜新银行	0.8686	泰安银行	0.8839	龙江银行	0.8665	兰州银行	0.4651
鞍山银行	0.8861	济宁银行	0.3929	包商银行	0.9137	青海银行	0.7951
辽阳银行	0.7133	枣庄银行	0.6367	内蒙古银行	0.8854	宁夏银行	0.6090
上海银行	0.8790	齐鲁银行	0.7647	乌海银行	0.8209	昆仑银行	0.8364
江苏银行	0.7133	威海市商业银行	0.8243	桂林银行	0.7921	乌鲁木齐商业银行	0.7263
南京银行	0.8195	日照银行	0.7853	广西北部湾银行	0.7347	石嘴山银行	0.7597
江苏长江银行	0.3526	潍坊银行	0.7731	柳州银行	0.7586	西藏银行	0.2959
宁波银行	0.7923	广州银行	0.8142	成都银行	0.7020	均值	0.7225

注：中原银行于 2014 年成立，故表中为 115 家银行。

表 3 – 21   2014 年 116 家城市商业银行技术效率值

银行	效率值	银行	效率值	银行	效率值	银行	效率值
北京银行	0.8372	温州银行	0.7960	珠海华润银行	0.7557	乐山市商业银行	0.7059
天津银行	0.7265	浙江稠州商业银行	0.8435	广东华兴银行	0.7943	攀枝花市商业银行	0.6617
河北银行	0.7511	台州银行	0.8775	中原银行	0.3413	绵阳市商业银行	0.6286
廊坊银行	0.6637	绍兴银行	0.6597	郑州银行	0.8101	自贡市商业银行	0.8323
张家口银行	0.5767	浙江泰隆商业银行	0.5401	洛阳银行	0.6529	泸州市商业银行	0.9084
唐山银行	0.4552	金华银行	0.7031	平顶山银行	0.5026	遂宁市商业银行	0.9050
沧州银行	0.2216	宁波商通银行	0.6007	焦作市商业银行	0.8703	宜宾市商业银行	0.6325
承德银行	0.4752	嘉兴银行	0.6771	汉口银行	0.7415	凉山州商业银行	0.5879
邯郸银行	0.5050	湖州银行	0.5346	湖北银行	0.6914	达州市商业银行	0.8404
衡水银行	0.6779	浙江民泰商业银行	0.7962	长沙银行	0.7417	重庆银行	0.7034
秦皇岛银行	0.7016	厦门国际银行	0.7863	华融湘江银行	0.7625	重庆三峡银行	0.7896
盛京银行	0.8209	厦门银行	0.7688	江西银行	0.3065	贵州银行	0.4743
锦州银行	0.7994	福建海峡银行	0.6835	九江银行	0.6978	贵阳银行	0.7884
丹东银行	0.5559	泉州银行	0.7659	赣州银行	0.7468	富滇银行	0.6896
抚顺银行	0.6229	青岛银行	0.7442	徽商银行	0.7857	曲靖市商业银行	0.6068
朝阳银行	0.6588	齐商银行	0.5849	晋城银行	0.7826	长安银行	0.7257
葫芦岛银行	0.4013	临商银行	0.5116	大同市商业银行	0.4711	晋商银行	0.7173
盘锦银行	0.2050	莱商银行	0.5265	长治银行	0.5230	西安银行	0.7558
本溪市商业银行	0.2201	东营银行	0.6691	吉林银行	0.7817	甘肃银行	0.4105
大连银行	0.6281	烟台银行	0.6075	哈尔滨银行	0.9202	兰州银行	0.3896
营口银行	0.9276	泰安银行	0.8596	龙江银行	0.8390	青海银行	0.7550
阜新银行	0.8414	济宁银行	0.3163	包商银行	0.8952	宁夏银行	0.5434
鞍山银行	0.8622	枣庄银行	0.5742	内蒙古银行	0.8613	昆仑银行	0.8033
辽阳银行	0.6605	齐鲁银行	0.7197	乌海银行	0.7852	乌鲁木齐商业银行	0.6755
上海银行	0.8537	威海市商业银行	0.7892	桂林银行	0.7514	石嘴山银行	0.7139
江苏银行	0.6606	日照银行	0.7436	广西北部湾银行	0.6851	西藏银行	0.2228
南京银行	0.7836	潍坊银行	0.7294	柳州银行	0.7126	均值	0.6751
江苏长江银行	0.2767	广州银行	0.7773	成都银行	0.6477		
宁波银行	0.7517	东莞银行	0.6898	南充市商业银行	0.8547		
杭州银行	0.6545	广东南粤银行	0.7071	德阳银行	0.7773		

表 3-22 2015 年 116 家城市商业银行技术效率值

银行	效率值	银行	效率值	银行	效率值	银行	效率值
北京银行	0.8047	温州银行	0.7565	珠海华润银行	0.7099	乐山市商业银行	0.6528
天津银行	0.6763	浙江稠州商业银行	0.8120	广东华兴银行	0.7544	攀枝花市商业银行	0.6029
河北银行	0.7045	台州银行	0.8521	中原银行	0.2662	绵阳市商业银行	0.5660
廊坊银行	0.6052	绍兴银行	0.6007	郑州银行	0.7730	自贡市商业银行	0.7988
张家口银行	0.5088	浙江泰隆商业银行	0.4693	洛阳银行	0.5930	泸州市商业银行	0.8888
唐山银行	0.3799	金华银行	0.6496	平顶山银行	0.4294	遂宁市商业银行	0.8848
沧州银行	0.1561	宁波商通银行	0.5351	焦作市商业银行	0.8436	宜宾市商业银行	0.5703
承德银行	0.4006	嘉兴银行	0.6202	汉口银行	0.6935	凉山州商业银行	0.5211
邯郸银行	0.4319	湖州银行	0.4634	湖北银行	0.6364	达州市商业银行	0.8084
衡水银行	0.6212	浙江民泰商业银行	0.7567	长沙银行	0.6937	重庆银行	0.6500
秦皇岛银行	0.6479	厦门国际银行	0.7452	华融湘江银行	0.7176	重庆三峡银行	0.7490
盛京银行	0.7856	厦门银行	0.7249	江西银行	0.2331	贵州银行	0.3997
锦州银行	0.7604	福建海峡银行	0.6275	九江银行	0.6437	贵阳银行	0.7477
丹东银行	0.4862	泉州银行	0.7217	赣州银行	0.6996	富滇银行	0.6343
抚顺银行	0.5596	青岛银行	0.6966	徽商银行	0.7445	曲靖市商业银行	0.5418
朝阳银行	0.5997	齐商银行	0.5178	晋城银行	0.7410	长安银行	0.6754
葫芦岛银行	0.3251	临商银行	0.4388	大同市商业银行	0.3964	晋商银行	0.6658
盘锦银行	0.1418	莱商银行	0.4547	长治银行	0.4510	西安银行	0.7099
本溪市商业银行	0.1548	东营银行	0.6113	吉林银行	0.7398	甘肃银行	0.3343
大连银行	0.5654	烟台银行	0.5426	哈尔滨银行	0.9030	兰州银行	0.3134
营口银行	0.9119	泰安银行	0.8310	龙江银行	0.8067	青海银行	0.7090
阜新银行	0.8095	济宁银行	0.2423	包商银行	0.8732	宁夏银行	0.4729
鞍山银行	0.8340	枣庄银行	0.5061	内蒙古银行	0.8330	昆仑银行	0.7650
辽阳银行	0.6016	齐鲁银行	0.6685	乌海银行	0.7439	乌鲁木齐商业银行	0.6184
上海银行	0.8240	威海市商业银行	0.7486	桂林银行	0.7049	石嘴山银行	0.6620
江苏银行	0.6017	日照银行	0.6959	广西北部湾银行	0.6293	西藏银行	0.1572
南京银行	0.7420	潍坊银行	0.6796	柳州银行	0.6605	均值	0.6233
江苏长江银行	0.2054	广州银行	0.7347	成都银行	0.5872		
宁波银行	0.7053	东莞银行	0.6345	南充市商业银行	0.8251		
杭州银行	0.5948	广东南粤银行	0.6542	德阳银行	0.7348		

表 3-23 2016 年 116 家城市商业银行技术效率值

银行	效率值	银行	效率值	银行	效率值	银行	效率值
北京银行	0.7670	温州银行	0.7114	珠海华润银行	0.6582	乐山市商业银行	0.5939
天津银行	0.6203	浙江稠州商业银行	0.7755	广东华兴银行	0.7090	攀枝花市商业银行	0.5386
河北银行	0.6521	台州银行	0.8224	中原银行	0.1963	绵阳市商业银行	0.4982
廊坊银行	0.5411	绍兴银行	0.5361	郑州银行	0.7303	自贡市商业银行	0.7602
张家口银行	0.4370	浙江泰隆商业银行	0.3954	洛阳银行	0.5278	泸州市商业银行	0.8657
唐山银行	0.3046	金华银行	0.5904	平顶山银行	0.3543	遂宁市商业银行	0.8610
沧州银行	0.1015	宁波商通银行	0.4650	焦作市商业银行	0.8124	宜宾市商业银行	0.5029
承德银行	0.3252	嘉兴银行	0.5577	汉口银行	0.6396	凉山州商业银行	0.4500
邯郸银行	0.3568	湖州银行	0.3892	湖北银行	0.5757	达州市商业银行	0.7713
衡水银行	0.5588	浙江民泰商业银行	0.7116	长沙银行	0.6399	重庆银行	0.5908
秦皇岛银行	0.5885	厦门国际银行	0.6984	华融湘江银行	0.6670	重庆三峡银行	0.7028
盛京银行	0.7448	厦门银行	0.6753	江西银行	0.1666	贵州银行	0.3243
锦州银行	0.7159	福建海峡银行	0.5657	九江银行	0.5838	贵阳银行	0.7013
丹东银行	0.4131	泉州银行	0.6716	赣州银行	0.6465	富滇银行	0.5733
抚顺银行	0.4914	青岛银行	0.6432	徽商银行	0.6976	曲靖市商业银行	0.4722
朝阳银行	0.5351	齐商银行	0.4465	晋城银行	0.6936	长安银行	0.6192
葫芦岛银行	0.2513	临商银行	0.3640	大同市商业银行	0.3210	晋商银行	0.6085
盘锦银行	0.0901	莱商银行	0.3803	长治银行	0.3764	西安银行	0.6582
本溪市商业银行	0.1005	东营银行	0.5478	吉林银行	0.6923	甘肃银行	0.2601
大连银行	0.4976	烟台银行	0.4731	哈尔滨银行	0.8825	兰州银行	0.2402
营口银行	0.8931	泰安银行	0.7977	龙江银行	0.7694	青海银行	0.6572
阜新银行	0.7726	济宁银行	0.1747	包商银行	0.8472	宁夏银行	0.3991
鞍山银行	0.8012	枣庄银行	0.4341	内蒙古银行	0.8000	昆仑银行	0.7212
辽阳银行	0.5372	齐鲁银行	0.6115	乌海银行	0.6970	乌鲁木齐商业银行	0.5557
上海银行	0.7895	威海市商业银行	0.7023	桂林银行	0.6526	石嘴山银行	0.6042
江苏银行	0.5373	日照银行	0.6423	广西北部湾银行	0.5677	西藏银行	0.6024
南京银行	0.6948	潍坊银行	0.6240	柳州银行	0.6025	均值	0.5676
江苏长江银行	0.1425	广州银行	0.6865	成都银行	0.5214		
宁波银行	0.6529	东莞银行	0.5736	南充市商业银行	0.7908		
杭州银行	0.5298	广东南粤银行	0.5954	德阳银行	0.6865		

当产出是不良贷款时，采用 Frontier 4.1 软件得出的效率值计算结果如表 3 - 24 至表 3 - 28 所示：

表 3 - 24　2012 年 115 家城市商业银行技术效率值

银行	效率值	银行	效率值	银行	效率值	银行	效率值
北京银行	0.0000	杭州银行	0.0003	东莞银行	0.0019	南充市商业银行	0.0113
天津银行	0.0000	温州银行	0.0441	广东南粤银行	0.0077	德阳银行	0.1594
河北银行	0.0012	浙江稠州商业银行	0.0020	珠海华润银行	0.0252	乐山市商业银行	0.0580
廊坊银行	0.1093	台州银行	0.0035	广东华兴银行	0.1094	攀枝花市商业银行	0.0904
张家口银行	0.0094	绍兴银行	0.2661	郑州银行	0.0001	绵阳市商业银行	0.1219
唐山银行	0.0037	浙江泰隆商业银行	0.1385	洛阳银行	0.0107	自贡市商业银行	0.0345
沧州银行	0.0980	金华银行	0.2361	平顶山银行	0.0863	泸州市商业银行	0.0047
承德银行	0.1103	宁波商通银行	0.0099	焦作市商业银行	0.0846	遂宁市商业银行	0.0298
邯郸银行	0.0538	嘉兴银行	0.2894	汉口银行	0.0077	宜宾市商业银行	0.0541
衡水银行	0.1655	湖州银行	0.1869	湖北银行	0.0376	凉山州商业银行	0.0284
秦皇岛银行	0.1004	浙江民泰商业银行	0.3120	长沙银行	0.0000	达州市商业银行	0.0118
盛京银行	0.0000	厦门国际银行	0.0000	华融湘江银行	0.0003	重庆银行	0.0000
锦州银行	0.0000	厦门银行	0.0261	江西银行	0.0000	重庆三峡银行	0.0016
丹东银行	0.0854	福建海峡银行	0.3252	九江银行	0.0010	贵州银行	0.0005
抚顺银行	0.1368	泉州银行	0.1069	赣州银行	0.0675	贵阳银行	0.0005
朝阳银行	0.1775	青岛银行	0.0004	徽商银行	0.0000	富滇银行	0.0166
葫芦岛银行	0.1938	齐商银行	0.2465	晋城银行	0.0842	曲靖市商业银行	0.1068
盘锦银行	0.1284	临商银行	0.2650	大同市商业银行	0.0453	长安银行	0.0079
本溪市商业银行	0.0874	莱商银行	0.2128	长治银行	0.0302	晋商银行	0.0553
大连银行	0.6405	东营银行	0.1071	吉林银行	0.0011	西安银行	0.0038
营口银行	0.1097	烟台银行	0.3842	哈尔滨银行	0.0000	甘肃银行	0.0033
阜新银行	0.0320	泰安银行	0.2523	龙江银行	0.0410	兰州银行	0.0172
鞍山银行	0.2630	济宁银行	0.2505	包商银行	0.0000	青海银行	0.1748
辽阳银行	0.1554	枣庄银行	0.0189	内蒙古银行	0.1176	宁夏银行	0.0219
上海银行	0.0000	齐鲁银行	0.1792	乌海银行	0.1301	昆仑银行	0.0004
江苏银行	0.6480	威海市商业银行	0.0061	桂林银行	0.0252	乌鲁木齐商业银行	0.0481
南京银行	0.0000	日照银行	0.2414	广西北部湾银行	0.1965	石嘴山银行	0.1095
江苏长江银行	0.0027	潍坊银行	0.1672	柳州银行	0.0426	西藏银行	0.0927
宁波银行	0.0000	广州银行	0.0000	成都银行	0.0061	均值	0.0863

注：中原银行于 2014 年成立，故表中为 115 家银行。

表 3 – 25　2013 年 115 家城市商业银行技术效率值

银行	效率值	银行	效率值	银行	效率值	银行	效率值
北京银行	0.0001	杭州银行	0.0004	东莞银行	0.0022	南充市商业银行	0.0125
天津银行	0.0000	温州银行	0.0469	广东南粤银行	0.0086	德阳银行	0.1656
河北银行	0.0014	浙江稠州商业银行	0.0024	珠海华润银行	0.0272	乐山市商业银行	0.0614
廊坊银行	0.1144	台州银行	0.0040	广东华兴银行	0.1145	攀枝花市商业银行	0.0949
张家口银行	0.0104	绍兴银行	0.2739	郑州银行	0.0001	绵阳市商业银行	0.1272
唐山银行	0.0042	浙江泰隆商业银行	0.1443	洛阳银行	0.0118	自贡市商业银行	0.0370
沧州银行	0.1028	金华银行	0.2435	平顶山银行	0.0906	泸州市商业银行	0.0053
承德银行	0.1154	宁波商通银行	0.0109	焦作市商业银行	0.0890	遂宁市商业银行	0.0320
邯郸银行	0.0571	嘉兴银行	0.2975	汉口银行	0.0086	宜宾市商业银行	0.0574
衡水银行	0.1718	湖州银行	0.1936	湖北银行	0.0402	凉山州商业银行	0.0306
秦皇岛银行	0.1052	浙江民泰商业银行	0.3203	长沙银行	0.0000	达州市商业银行	0.0130
盛京银行	0.0000	厦门国际银行	0.0000	华融湘江银行	0.0003	重庆银行	0.0000
锦州银行	0.0000	厦门银行	0.0281	江西银行	0.0000	重庆三峡银行	0.0019
丹东银行	0.0898	福建海峡银行	0.3335	九江银行	0.0012	贵州银行	0.0006
抚顺银行	0.1425	泉州银行	0.1119	赣州银行	0.0713	贵阳银行	0.0006
朝阳银行	0.1841	青岛银行	0.0005	徽商银行	0.0000	富滇银行	0.0181
葫芦岛银行	0.2007	齐商银行	0.2540	晋城银行	0.0885	曲靖市商业银行	0.1118
盘锦银行	0.1339	临商银行	0.2728	大同市商业银行	0.0482	长安银行	0.0088
本溪市商业银行	0.0918	莱商银行	0.2199	长治银行	0.0324	晋商银行	0.0586
大连银行	0.6483	东营银行	0.1121	吉林银行	0.0012	西安银行	0.0043
营口银行	0.1147	烟台银行	0.3929	哈尔滨银行	0.0000	甘肃银行	0.0038
阜新银行	0.0343	泰安银行	0.2599	龙江银行	0.0437	兰州银行	0.0188
鞍山银行	0.2708	济宁银行	0.2581	包商银行	0.0000	青海银行	0.1813
辽阳银行	0.1615	枣庄银行	0.0205	内蒙古银行	0.1229	宁夏银行	0.0237
上海银行	0.0000	齐鲁银行	0.1858	乌海银行	0.1356	昆仑银行	0.0005
江苏银行	0.6557	威海市商业银行	0.0068	桂林银行	0.0271	乌鲁木齐商业银行	0.0511
南京银行	0.0000	日照银行	0.2489	广西北部湾银行	0.2034	石嘴山银行	0.1146
江苏长江银行	0.0031	潍坊银行	0.1736	柳州银行	0.0454	西藏银行	0.0973
宁波银行	0.0000	广州银行	0.0000	成都银行	0.0068	均值	0.0895

注：中原银行于 2014 年成立，故表中为 115 家银行。

表 3 - 26　2014 年 116 家城市商业银行技术效率值

银行	效率值	银行	效率值	银行	效率值	银行	效率值
北京银行	0.0001	温州银行	0.0500	珠海华润银行	0.0293	乐山市商业银行	0.0650
天津银行	0.0000	浙江稠州商业银行	0.0027	广东华兴银行	0.1197	攀枝花市商业银行	0.0996
河北银行	0.0016	台州银行	0.0046	中原银行	0.0000	绵阳市商业银行	0.1328
廊坊银行	0.1196	绍兴银行	0.2819	郑州银行	0.0002	自贡市商业银行	0.0396
张家口银行	0.0115	浙江泰隆商业银行	0.1502	洛阳银行	0.0130	泸州市商业银行	0.0060
唐山银行	0.0048	金华银行	0.2511	平顶山银行	0.0952	遂宁市商业银行	0.0344
沧州银行	0.1077	宁波商通银行	0.0120	焦作市商业银行	0.0935	宜宾市商业银行	0.0609
承德银行	0.1207	嘉兴银行	0.3057	汉口银行	0.0096	凉山州商业银行	0.0329
邯郸银行	0.0606	湖州银行	0.2005	湖北银行	0.0430	达州市商业银行	0.0142
衡水银行	0.1783	浙江民泰商业银行	0.3286	长沙银行	0.0000	重庆银行	0.0000
秦皇岛银行	0.1102	厦门国际银行	0.0000	华融湘江银行	0.0004	重庆三峡银行	0.0022
盛京银行	0.0000	厦门银行	0.0303	江西银行	0.0000	贵州银行	0.0007
锦州银行	0.0000	福建海峡银行	0.3420	九江银行	0.0014	贵阳银行	0.0008
丹东银行	0.0943	泉州银行	0.1171	赣州银行	0.0752	富滇银行	0.0197
抚顺银行	0.1484	青岛银行	0.0006	徽商银行	0.0000	曲靖市商业银行	0.1170
朝阳银行	0.1908	齐商银行	0.2618	晋城银行	0.0931	长安银行	0.0097
葫芦岛银行	0.2077	临商银行	0.2807	大同市商业银行	0.0514	晋商银行	0.0621
盘锦银行	0.1396	莱商银行	0.2272	长治银行	0.0348	西安银行	0.0049
本溪市商业银行	0.0965	东营银行	0.1173	吉林银行	0.0015	甘肃银行	0.0043
大连银行	0.6559	烟台银行	0.4016	哈尔滨银行	0.0000	兰州银行	0.0204
营口银行	0.1200	泰安银行	0.2677	龙江银行	0.0467	青海银行	0.1880
阜新银行	0.0368	济宁银行	0.2659	包商银行	0.0000	宁夏银行	0.0256
鞍山银行	0.2787	枣庄银行	0.0223	内蒙古银行	0.1283	昆仑银行	0.0006
辽阳银行	0.1678	齐鲁银行	0.1926	乌海银行	0.1414	乌鲁木齐商业银行	0.0543
上海银行	0.0000	威海市商业银行	0.0076	桂林银行	0.0293	石嘴山银行	0.1198
江苏银行	0.6632	日照银行	0.2566	广西北部湾银行	0.2105	西藏银行	0.1020
南京银行	0.0000	潍坊银行	0.1801	柳州银行	0.0484	均值	0.0928
江苏长江银行	0.0036	广州银行	0.0000	成都银行	0.0076		
宁波银行	0.0000	东莞银行	0.0025	南充市商业银行	0.0137		
杭州银行	0.0004	广东南粤银行	0.0096	德阳银行	0.1720		

表 3 - 27　2015 年 116 家城市商业银行技术效率值

银行	效率值	银行	效率值	银行	效率值	银行	效率值
北京银行	0.0001	温州银行	0.0532	珠海华润银行	0.0316	乐山市商业银行	0.0688
天津银行	0.0000	浙江稠州商业银行	0.0031	广东华兴银行	0.1252	攀枝花市商业银行	0.1045
河北银行	0.0019	台州银行	0.0052	中原银行	0.0000	绵阳市商业银行	0.1386
廊坊银行	0.1251	绍兴银行	0.2899	郑州银行	0.0002	自贡市商业银行	0.0424
张家口银行	0.0127	浙江泰隆商业银行	0.1564	洛阳银行	0.0143	泸州市商业银行	0.0068
唐山银行	0.0054	金华银行	0.2589	平顶山银行	0.1000	遂宁市商业银行	0.0370
沧州银行	0.1128	宁波商通银行	0.0133	焦作市商业银行	0.0983	宜宾市商业银行	0.0645
承德银行	0.1261	嘉兴银行	0.3140	汉口银行	0.0106	凉山州商业银行	0.0354
邯郸银行	0.0642	湖州银行	0.2076	湖北银行	0.0460	达州市商业银行	0.0156
衡水银行	0.1850	浙江民泰商业银行	0.3371	长沙银行	0.0000	重庆银行	0.0000
秦皇岛银行	0.1154	厦门国际银行	0.0000	华融湘江银行	0.0005	重庆三峡银行	0.0025
盛京银行	0.0000	厦门银行	0.0327	江西银行	0.0000	贵州银行	0.0009
锦州银行	0.0000	福建海峡银行	0.3505	九江银行	0.0017	贵阳银行	0.0009
丹东银行	0.0991	泉州银行	0.1225	赣州银行	0.0794	富滇银行	0.0215
抚顺银行	0.1545	青岛银行	0.0007	徽商银行	0.0000	曲靖市商业银行	0.1224
朝阳银行	0.1977	齐商银行	0.2697	晋城银行	0.0978	长安银行	0.0108
葫芦岛银行	0.2148	临商银行	0.2888	大同市商业银行	0.0547	晋商银行	0.0659
盘锦银行	0.1455	莱商银行	0.2346	长治银行	0.0374	西安银行	0.0055
本溪市商业银行	0.1013	东营银行	0.1227	吉林银行	0.0017	甘肃银行	0.0049
大连银行	0.6635	烟台银行	0.4104	哈尔滨银行	0.0000	兰州银行	0.0222
营口银行	0.1254	泰安银行	0.2757	龙江银行	0.0498	青海银行	0.1949
阜新银行	0.0395	济宁银行	0.2739	包商银行	0.0000	宁夏银行	0.0277
鞍山银行	0.2868	枣庄银行	0.0242	内蒙古银行	0.1340	昆仑银行	0.0008
辽阳银行	0.1743	齐鲁银行	0.1995	乌海银行	0.1473	乌鲁木齐商业银行	0.0578
上海银行	0.0000	威海市商业银行	0.0085	桂林银行	0.0316	石嘴山银行	0.1253
江苏银行	0.6707	日照银行	0.2645	广西北部湾银行	0.2177	西藏银行	0.1070
南京银行	0.0000	潍坊银行	0.1868	柳州银行	0.0516	均值	0.0962
江苏长江银行	0.0041	广州银行	0.0000	成都银行	0.0085		
宁波银行	0.0000	东莞银行	0.0029	南充市商业银行	0.0151		
杭州银行	0.0005	广东南粤银行	0.0106	德阳银行	0.1785		

表 3-28　2016 年 116 家城市商业银行技术效率值

银行	效率值	银行	效率值	银行	效率值	银行	效率值
北京银行	0.0001	温州银行	0.0567	珠海华润银行	0.0341	乐山市商业银行	0.0729
天津银行	0.0001	浙江稠州商业银行	0.0036	广东华兴银行	0.1308	攀枝花市商业银行	0.1096
河北银行	0.0022	台州银行	0.0059	中原银行	0.0000	绵阳市商业银行	0.1445
廊坊银行	0.1307	绍兴银行	0.2982	郑州银行	0.0002	自贡市商业银行	0.0454
张家口银行	0.0140	浙江泰隆商业银行	0.1627	洛阳银行	0.0158	泸州市商业银行	0.0076
唐山银行	0.0061	金华银行	0.2668	平顶山银行	0.1050	遂宁市商业银行	0.0397
沧州银行	0.1182	宁波商通银行	0.0146	焦作市商业银行	0.1032	宜宾市商业银行	0.0684
承德银行	0.1318	嘉兴银行	0.3224	汉口银行	0.0118	凉山州商业银行	0.0381
邯郸银行	0.0681	湖州银行	0.2148	湖北银行	0.0491	达州市商业银行	0.0172
衡水银行	0.1919	浙江民泰商业银行	0.3457	长沙银行	0.0001	重庆银行	0.0000
秦皇岛银行	0.1208	厦门国际银行	0.0000	华融湘江银行	0.0006	重庆三峡银行	0.0029
盛京银行	0.0000	厦门银行	0.0352	江西银行	0.0000	贵州银行	0.0010
锦州银行	0.0000	福建海峡银行	0.3592	九江银行	0.0019	贵阳银行	0.0011
丹东银行	0.1041	泉州银行	0.1281	赣州银行	0.0838	富滇银行	0.0234
抚顺银行	0.1608	青岛银行	0.0008	徽商银行	0.0000	曲靖市商业银行	0.1279
朝阳银行	0.2048	齐商银行	0.2777	晋城银行	0.1027	长安银行	0.0120
葫芦岛银行	0.2222	临商银行	0.2970	大同市商业银行	0.0581	晋商银行	0.0698
盘锦银行	0.1517	莱商银行	0.2423	长治银行	0.0402	西安银行	0.0062
本溪市商业银行	0.1063	东营银行	0.1283	吉林银行	0.0020	甘肃银行	0.0056
大连银行	0.6710	烟台银行	0.4192	哈尔滨银行	0.0000	兰州银行	0.0242
营口银行	0.1311	泰安银行	0.2838	龙江银行	0.0531	青海银行	0.2019
阜新银行	0.0424	济宁银行	0.2819	包商银行	0.0000	宁夏银行	0.0300
鞍山银行	0.2950	枣庄银行	0.0262	内蒙古银行	0.1399	昆仑银行	0.0009
辽阳银行	0.1810	齐鲁银行	0.2066	乌海银行	0.1535	乌鲁木齐商业银行	0.0614
上海银行	0.0000	威海市商业银行	0.0095	桂林银行	0.0340	石嘴山银行	0.1310
江苏银行	0.6781	日照银行	0.2724	广西北部湾银行	0.2251	西藏银行	0.1122
南京银行	0.0000	潍坊银行	0.1937	柳州银行	0.0549	均值	0.0998
江苏长江银行	0.0047	广州银行	0.0000	成都银行	0.0095		
宁波银行	0.0000	东莞银行	0.0034	南充市商业银行	0.0166		
杭州银行	0.0007	广东南粤银行	0.0118	德阳银行	0.1853		

3.2.4 主要结论

从以上的实证分析结果中我们可以发现，尽管各银行之间的效率存在差异，但是就整体而言可以得出以下结论：

（1）宏观角度。

当产出为利息净收入时，观察 2012～2016 年的银行技术效率均值，样本银行的效率呈现逐步上升趋势，但是逐年上升的速度逐渐降低，呈现倒 U 形状的上升部分，即半倒 U 形；当产出为非利息收入时，观察 2012～2016 年的银行技术效率均值，样本银行的效率呈现逐步下降趋势，但是逐年下降的速度逐渐增高，呈现倒 U 形状的下降部分，即半倒 U 形。二者组成了一个完整的倒 U 形。

当产出为不良贷款时，效率值越高说明该银行规避不良贷款的能力越弱。结合表中数据，大连银行、江苏银行的效率值明显高于其他商业银行，且有逐年增高的趋势，说明两者规避不良贷款、抵御风险的能力较弱，经营管理策略有待进一步优化。

（2）微观角度。

分析 2012～2016 年各家城市商业银行的技术效率值发现，各家银行的效率值差异较大，且发展趋势也不相同。当产出为利息净收入时技术效率值较低的银行如广东华兴银行、包商银行等在产出为非利息收入时效率值有明显的提高，说明此类商业银行的主要利润来源以由传统的利息净收入转为诸如中间业务收入、咨询、投资等非利息收入。相反，当产出为利息净收入时技术效率值较高的银行如济宁银行、兰州银行等在产出为非利息收入时效率值有明显的下降，说明此类商业银行的主要利润来源仍来自于传统的利息收入。

3.3　本章小结

本章就我国城市商业银行进行了总体的效率分析，由分析结果可知：①样本期间内，我国城市商业银行的资金集聚效率普遍高于获利效率和综合效率，资金集聚效率值呈逐年上升趋势，获利效率值上下浮动，综合效率值与资金集聚效率值存在较强的正相关性；各城市商业银行的技术进步变化指数与全要素生产率变化指数变化趋势整体上保持一致，可见技术进步变化是影响各城市商业银行综合效率的主要原因。②当采用相同投入、不同产出的情况下，我国城市商业银行总体效率波动情况有着明显的不同，除少数商业银行实现了其经营方式和相关产品、服务脱离传统、实现多元化外，大部分商业银行的经营模式仍较为依赖传统业务，且现阶段我国城市商业银行总体上利润来源变化趋势为：传统的利息净收入有逐步增加的趋势，新型非利息收入有逐步减少的趋势。这也说明我国城市商业银行整体上仍处于由传统业务经营向现代化多种类、多元化产品、服务的转型当中。

为了应对未来可能出现的金融危机、经济下滑等不经济稳定因素，我国商业银行应在现有经营发展模式的基础上，积极调整发展战略，把以利息收入为主的传统业务的优势与以非利息收入的现代多元化产品服务相结合，真正做到将风险分散化，实现经济的健康、平稳发展。

4 中国城市商业银行的整体效率与省份经济增长的关系

4.1 各省份城市商业银行整体效率测算

4.1.1 基于 DEA 的中国各省份城市商业银行效率分析

4.1.1.1 静态效率分析

通过运用超效率 DEA 与 EBM 模型各省份城市商业银行的投入产出数据进行分析，各省份投入产出指标由省份内所有城市商业银行对应指标的均值表示，使用 Maxdea 软件对 2012~2016 年数据进行截面数据处理分析，得到样本期间各省份城市商业银行的技术效率、纯技术效率与规模效率，具体结果如表 4-1 和表 4-2 所示：

表 4-1　2012~2013 年中国各省份城市商业银行两阶段综合效率结果

省份	2012 年			2013 年		
	技术效率	纯技术效率	规模效率	技术效率	纯技术效率	规模效率
北京市	1.2323	1.6771	0.7347	1.3674	1.5961	0.8567
天津市	0.9749	1.0566	0.9226	0.9180	1.2846	0.7147

续表

省份	2012 年			2013 年		
	技术效率	纯技术效率	规模效率	技术效率	纯技术效率	规模效率
河北省	0.7822	0.8405	0.9307	0.8990	0.9755	0.9215
辽宁省	0.6097	0.6248	0.9759	0.6427	0.6672	0.9634
上海市	0.8822	1.0318	0.8550	0.9221	1.0287	0.8964
江苏省	0.8164	0.9727	0.8393	0.7655	0.9271	0.8257
浙江省	0.6451	0.8211	0.7856	0.6566	0.7118	0.9223
福建省	0.7079	0.7832	0.9038	0.6770	0.7854	0.8620
山东省	0.6875	0.7389	0.9304	0.7649	0.7973	0.9594
广东省	0.6482	0.6705	0.9666	0.7186	0.8387	0.8568
河南省	0.8080	0.8577	0.9420	0.7376	0.7666	0.9621
湖北省	0.5530	0.6522	0.8478	0.7566	0.7695	0.9833
湖南省	0.9880	0.9912	0.9968	0.9375	0.9467	0.9903
江西省	0.8879	0.9689	0.9164	0.8551	0.8848	0.9664
安徽省	0.9425	0.9437	0.9987	0.8359	0.9454	0.8841
山西省	0.8469	1.2175	0.6956	0.9656	1.3135	0.7351
吉林省	0.9514	0.9768	0.9740	0.8784	1.0486	0.8376
黑龙江省	0.9315	0.9329	0.9985	0.7720	0.9046	0.8534
内蒙古自治区	0.5553	0.5889	0.9431	0.5911	0.5951	0.9933
广西壮族自治区	0.7555	0.7984	0.9463	0.8303	0.8625	0.9627
四川省	0.7423	1.0568	0.7024	0.7808	0.9453	0.8260
重庆市	1.0154	1.0205	0.9950	0.7836	0.8738	0.8968
贵州省	0.9341	1.0752	0.8687	0.9589	0.9917	0.9670
云南省	0.7314	0.8019	0.9121	0.8762	1.0240	0.8557
陕西省	0.6710	0.6789	0.9885	0.8277	0.8337	0.9928
甘肃省	0.7227	0.7804	0.9260	0.5343	0.8645	0.6180
青海省	1.1319	1.1398	0.9931	0.9722	1.0397	0.9351
宁夏回族自治区	0.7129	0.7466	0.9548	0.7022	0.7323	0.9589
新疆维吾尔自治区	0.7942	0.8184	0.9704	0.9211	1.0053	0.9163
西藏自治区	1.0169	6.6175	0.1537	1.3566	5.2416	0.2588
均值	0.8226	1.0960	0.8856	0.8402	1.0734	0.8724

表 4 − 2　2014～2016 年中国各省份城市商业银行两阶段综合效率结果

省份	2014 年			2015 年			2016 年		
	技术效率	纯技术效率	规模效率	技术效率	纯技术效率	规模效率	技术效率	纯技术效率	规模效率
北京市	1.2151	1.2134	1.0014	9.6405	9.1143	1.0577	1.2323	1.6771	0.7347
天津市	0.8253	1.0996	0.7506	0.8593	0.9890	0.8688	0.9749	1.0566	0.9226
河北省	1.0897	1.1214	0.9717	0.8761	1.0734	0.8162	0.7822	0.8405	0.9307
辽宁省	0.5947	0.6583	0.9034	0.6544	0.7024	0.9315	0.6097	0.6248	0.9759
上海市	0.8508	1.0916	0.7794	1.0114	1.2639	0.8003	0.8822	1.0318	0.8550
江苏省	0.7467	1.1194	0.6672	0.9174	1.1342	0.8089	0.8164	0.9727	0.8393
浙江省	0.5821	0.7301	0.7974	0.7928	0.7966	0.9953	0.6451	0.8211	0.7856
福建省	0.5491	0.6281	0.8743	0.6269	0.6725	0.9322	0.7079	0.7832	0.9038
山东省	0.7084	0.8601	0.8236	0.7860	0.8629	0.9109	0.6875	0.7389	0.9304
广东省	0.5619	0.6299	0.8921	0.6292	0.6371	0.9875	0.6482	0.6705	0.9666
河南省	0.6146	0.6850	0.8973	0.6577	0.6685	0.9839	0.8080	0.8577	0.9420
湖北省	0.6454	0.7339	0.8794	0.7632	0.7708	0.9901	0.5530	0.6522	0.8478
湖南省	0.9193	0.9275	0.9911	0.8987	0.9261	0.9704	0.9880	0.9912	0.9968
江西省	0.8968	1.0146	0.8839	0.7576	0.8448	0.8968	0.8879	0.9689	0.9164
安徽省	0.8638	0.8657	0.9979	0.8563	0.8603	0.9953	0.9425	0.9437	0.9987
山西省	0.9023	2.0739	0.4351	0.8425	2.0335	0.4143	0.8469	1.2175	0.6956
吉林省	1.0052	1.0817	0.9292	1.0458	1.0465	0.9993	0.9514	0.9768	0.9740
黑龙江省	0.6814	0.7551	0.9025	0.6442	0.6882	0.9361	0.9315	0.9329	0.9985
内蒙古自治区	0.7495	0.7805	0.9603	0.6694	0.6942	0.9643	0.5553	0.5889	0.9431
广西壮族自治区	0.6816	0.7844	0.8691	0.5509	0.6339	0.8692	0.7555	0.7984	0.9463
四川省	0.7372	0.9363	0.7873	0.7880	0.9159	0.8604	0.7423	1.0568	0.7024
重庆市	0.8388	0.9313	0.9007	0.7883	0.8697	0.9063	1.0154	1.0205	0.9950
贵州省	0.7407	0.9245	0.8012	0.8936	0.8974	0.9957	0.9341	1.0752	0.8687
云南省	0.6013	0.7461	0.8060	0.6840	0.7616	0.8983	0.7314	0.8019	0.9121
陕西省	0.7070	0.7837	0.9021	0.6790	0.6936	0.9789	0.6710	0.6789	0.9885
甘肃省	0.5132	1.0412	0.4929	0.8245	0.9110	0.9051	0.7227	0.7804	0.9260

省份	2014 年			2015 年			2016 年		
	技术 效率	纯技术 效率	规模 效率	技术 效率	纯技术 效率	规模 效率	技术 效率	纯技术 效率	规模 效率
青海省	0.8844	0.9633	0.9181	0.7873	0.8502	0.9260	1.1319	1.1398	0.9931
宁夏回族自治区	0.6493	0.8519	0.7622	0.7659	0.8722	0.8781	0.7129	0.7466	0.9548
新疆维吾尔自治区	1.3386	1.4987	0.8932	0.9110	1.1503	0.7919	0.7942	0.8184	0.9704
西藏自治区	1.4615	3.9037	0.3744	1.4747	3.3527	0.4399	1.0169	6.6175	0.1537
均值	0.8052	1.0478	0.8282	1.1026	1.2563	0.8903	0.8226	1.0960	0.8856

（1）技术效率分析。

由表 4 – 1 和表 4 – 2 的数据可知，2012～2016 年我国各省份城市商业银行的技术效率年度均值为 0.8226～1.1026，效率总体表现较好。但是各省份间的技术效率极差较大（如 2012 年北京市为 1.2323，内蒙古自治区为 0.5553），说明各省份城市商业银行效率发展并不平衡。2012～2016 年技术效率值均大于等于 1 的省份是西藏自治区，分别为 1.0169、1.3566、1.4615、1.4747 和 1.0169，名列前茅的省份还有北京市、天津市、湖南省、吉林省、青海省、新疆维吾尔自治区。

（2）纯技术效率分析。

观察表 4 – 1 和表 4 – 2 发现，2012～2016 年我国各省份城市商业银行的纯技术效率年度均值分别为 1.0960、1.0734、1.0478、1.2563 和 1.0960，各省份纯技术效率极差相对较小，说明我国各省份城市商业银行对现有技术利用的程度较强，经营管理水平不断提高。2012～2016 年技术效率值均大于等于 1 的省份是北京市、上海市和山西省，此外，纯技术效率值排名靠前的省份还有天津市、江苏省、湖南省、吉林省、四川省、重庆市、贵州省和青海省。

（3）规模效率分析。

从表 4 – 1 和表 4 – 2 的结果看，2012～2016 年我国各省份城市商业银行的规模效率年度均值分别为 0.8856、0.8724、0.8282、0.8903 和 0.8856，总体上规模效率低于技术效率和纯技术效率，但各省份规模效率值变化极差较大（如

2016 年黑龙江省为 0.9985，西藏自治区为 0.1537），波动较大。其中，样本期间，规模效率值均较高的省份有辽宁省、山东省、河南省、湖南省、内蒙古自治区、陕西省和青海省。

4.1.1.2　动态效率分析

基于 Malmquist 指数模型，利用 Maxdea 软件对我国 30 个省份城市商业银行数据进行计算，得到了中国各省份城市商业银行 2012～2016 年的全要素生产效率变化情况，如表 4 - 3 所示。

表 4 - 3　2012～2016 年中国各省份城市商业银行的 Malmquist 指数

省份	2012～2013 年	2013～2014 年	2014～2015 年	2015～2016 年
北京市	1.0051	0.9897	1.2939	0.7783
天津市	1.1248	0.7354	0.8464	1.0506
河北省	0.9746	1.1482	0.5748	1.0008
辽宁省	0.709	1.2331	0.7587	1.0236
上海市	1.4061	0.8826	0.7207	0.6996
江苏省	0.9847	1.005	0.7760	1.0459
浙江省	0.6906	1.3416	0.8981	0.8625
福建省	1.2233	1.1152	0.7036	0.9127
山东省	0.7383	1.2793	0.6352	1.0579
广东省	1.2023	0.5123	0.6013	2.4796
河南省	0.9444	0.8635	0.6158	1.3263
湖北省	1.0738	1.0910	0.5572	2.7580
湖南省	0.9820	0.9582	0.7097	1.1722
江西省	0.9377	1.0083	0.5696	1.3746
安徽省	0.9715	0.6530	0.9596	1.0902
山西省	0.9592	1.0425	0.6341	1.1454
吉林省	1.0010	1.1687	0.7384	1.0299
黑龙江省	0.7526	0.7055	0.6106	1.6075
内蒙古自治区	1.1253	1.6797	0.7267	0.8792
广西壮族自治区	0.9909	1.0110	0.4099	1.5633
四川省	0.9327	0.9838	0.6835	1.1546

续表

省份	2012～2013 年	2013～2014 年	2014～2015 年	2015～2016 年
重庆市	0.9253	1.0420	0.7509	1.1670
贵州省	0.9111	1.0226	0.6535	1.1713
云南省	0.9712	0.8837	0.5466	2.2693
陕西省	1.1259	0.8684	0.6251	1.1712
甘肃省	0.8747	6.0824	0.5429	1.1809
青海省	0.9611	0.9667	0.6155	1.2071
宁夏回族自治区	1.2283	1.0156	0.5862	0.8486
新疆维吾尔自治区	0.9460	1.0110	0.7044	1.1145
西藏自治区	0.9564	1.1261	0.9269	0.9864
平均值	0.9756	1.0494	0.6828	1.1724
Malmquist > 1 的省份个数	10	19	1	24

由表 4－3 可知，124 个 Malmquist 指数中有 71 个小于 1，说明超过一半多样本的全要素生产率呈下降趋势。横向来看，各省份的城市商业银行的 Malmquist 指数在某些省份中大于 1，某些年份小于 1，说明其全要素生产率时而上升，时而下降。纵向来看，Malmquist 指数大于 1 的银行个数在 2012～2013 年和 2014～2015 年少于一半，在 2013～2014 年和 2015～2016 年大于一半，说明全要素生产率是增长的省份个数呈上下波动趋势。

根据 Malmquist 指数分解出的技术效率变化结果如表 4－4 所示。

表 4－4　2012～2016 年中国各省份城市商业银行的技术效率变化指数

省份	2012～2013 年	2013～2014 年	2014～2015 年	2015～2016 年
北京市	1.0000	1.0000	1.0000	1.0000
天津市	1.0000	0.5611	1.7821	1.0000
河北省	1.0626	1.1731	1.0000	0.8022
辽宁省	0.9577	1.0582	1.1059	0.8924
上海市	1.9660	0.5335	1.8743	0.5087

省份	2012~2013年	2013~2014年	2014~2015年	2015~2016年
江苏省	1.0000	0.6017	1.6621	1.0000
浙江省	0.8649	1.0451	1.7564	0.6299
福建省	1.3382	0.8901	1.0896	0.7704
山东省	1.0156	1.0102	1.0226	0.9533
广东省	1.0000	0.5393	1.0380	1.7864
河南省	0.9351	0.7540	1.0179	1.3934
湖北省	0.8960	0.8299	0.9377	1.4341
湖南省	1.0000	1.0000	1.0000	1.0000
江西省	1.0000	1.0000	0.7407	1.3500
安徽省	1.0000	0.6950	1.4389	1.0000
山西省	1.0000	1.0000	1.0000	1.0000
吉林省	1.0000	1.0000	1.0000	1.0000
黑龙江省	0.5817	0.7420	1.2003	1.9303
内蒙古自治区	0.8772	1.6316	1.0000	0.6987
广西壮族自治区	1.0000	1.0000	0.5327	1.8771
四川省	1.0000	1.0000	1.0000	1.0000
重庆市	1.0000	1.0000	1.0000	1.0000
贵州省	1.0000	1.0000	1.0000	1.0000
云南省	1.0000	0.7987	0.8280	1.5122
陕西省	1.2899	0.7596	0.9509	1.0733
甘肃省	0.2200	4.5454	0.7943	1.2590
青海省	1.0000	1.0000	1.0000	1.0000
宁夏回族自治区	1.5208	1.0000	1.0000	0.6575
新疆维吾尔自治区	1.0000	1.0000	1.0000	1.0000
西藏自治区	1.0000	1.0000	1.0000	1.0000
总均值	0.9726	0.9416	1.0556	1.0344
技术效率变化指数>1的省份个数	6	6	11	10

技术效率变化指数反映了DMU对生产前沿面的追赶效应，是经营管理水平的一种体现。从表中可以看出有33个技术效率变化指数大于1，其余81个技术效率变化指数小于等于1，说明2012~2016年，只有少数省份城市商业银行的技

术效率上升了，即在规模报酬不变的情况下，多数省份城市商业银行的经营管理水平没有改进。横向来看，包括北京市、湖南省、山西省、吉林省、四川省、重庆市、贵州省、青海省、新疆维吾尔自治区和西藏自治区 10 个省份城市商业银行每个期间的技术效率变化指数都为 1，说明其技术效率未发生改变；其他银行的技术效率变化指数在某些年份大于 1，某些年份小于等于 1，即这些省份城市商业银行的技术效率时而上升，时而下降。通过比较中国省份城市商业银行的DEA 静态效率结果，技术效率增加的 DMU 与技术效率变化指数值大于 1 的 DMU保持了较高的一致性，这也印证了计算的准确性。

根据 Malmquist 指数分解出的技术进步指数的结果如表 4-5 所示。

表 4-5　2012~2016 年中国各省份城市商业银行的技术进步指数

省份	2012~2013 年	2013~2014 年	2014~2015 年	2015~2016 年
北京市	1.0051	0.9897	1.2939	0.7783
天津市	1.1248	1.3105	0.4749	1.0506
河北省	0.9172	0.9787	0.5748	1.2475
辽宁省	0.7403	1.1653	0.6861	1.1470
上海市	0.7152	1.6543	0.3845	1.3753
江苏省	0.9847	1.6705	0.4669	1.0459
浙江省	0.7985	1.2836	0.5113	1.3693
福建省	0.9141	1.2529	0.6458	1.1847
山东省	0.7270	1.2664	0.6212	1.1098
广东省	1.2023	0.9501	0.5792	1.3880
河南省	1.0100	1.1452	0.6050	0.9518
湖北省	1.1984	1.3146	0.5942	1.9231
湖南省	0.9820	0.9582	0.7097	1.1722
江西省	0.9377	1.0083	0.7689	1.0182
安徽省	0.9715	0.9396	0.6669	1.0902
山西省	0.9592	1.0425	0.6341	1.1454
吉林省	1.0010	1.1687	0.7384	1.0299
黑龙江省	1.2938	0.9509	0.5087	0.8328

省份	2012~2013 年	2013~2014 年	2014~2015 年	2015~2016 年
内蒙古自治区	1.2829	1.0294	0.7267	1.2583
广西壮族自治区	0.9909	1.0110	0.7694	0.8328
四川省	0.9327	0.9838	0.6835	1.1546
重庆市	0.9253	1.0420	0.7509	1.1670
贵州省	0.9111	1.0226	0.6535	1.1713
云南省	0.9712	1.1065	0.6602	1.5006
陕西省	0.8729	1.1432	0.6573	1.0912
甘肃省	3.9757	1.3381	0.6835	0.9380
青海省	0.9611	0.9667	0.6155	1.2071
宁夏回族自治区	0.8077	1.0156	0.5862	1.2906
新疆维吾尔自治区	0.9460	1.0110	0.7044	1.1145
西藏自治区	0.9564	1.1261	0.9269	0.9864
总均值	1.0031	1.1145	0.6469	1.1334
技术进步指数 >1 的省份个数	8	23	1	25

技术进步指数反映了生产前沿面的移动效应，是技术进步和创新的体现。由表 4-5 可知，还有 67 个技术进步指数小于等于 1，这说明这些省份城市商业银行当年的技术水平与上年相比有所衰退。横向来看，各省份城市商业银行在 2012~2016 年的技术曾有过进步。纵向来看，2013~2014 年和 2015~2016 年技术进步的省份比较多，与全要素生产率的变化方向一致，均在 2013~2014 年和 2015~2016 年上升，2012~2013 年和 2014~2015 年下降，说明各省份城市商业银行的全要素生产效率的提高主要来源于技术进步。

4.1.1.3 研究结论

通过上文计算 30 个省份城市商业银行的全要素生产率，本书可得出以下结论：

（1）静态分析结论。样本期间内各省份城市商业银行的技术效率年度均值总体表现较好，但是各省份间的技术效率极差较大，省份间发展不平衡。纯技术效率极差相对较小，说明我国各省份城市商业银行对现有技术利用的程度较强，经营管理水平不断提高。总体上规模效率低于技术效率和纯技术效率，但省份间规模效率值变化极差较大，亦存在发展失衡现象。

（2）动态分析结论。样本期间内各省份城市商业银行的全要素生产率呈上下波动态势。除2014～2015年的全要素生产效率呈下降趋势，效率增长为负外，其他年份均有不同程度的增长，且2015年各省份城市商业银行的技术进步指数均跌倒底部，与全要素生产效率具有较强的一致性，均是下降的。全要素效率指数与技术效率指数不存在显著相关性，全要素效率指数是否上升主要受技术是否进步的影响。

4.1.2 基于SFA的中国各省份城市商业银行效率分析

4.1.2.1 模型概述

本章依旧采用随机前沿分析方法对我国各省份城市商业银行整体效率进行测算。对我国商业银行来说，它们的规模和收益都是变动的，我们在考虑其效率的同时应该考虑投入变量的交叉项，不能简单使用 C－D 生产函数，这样才能够有效测算我国商业银行的效率。本书决定采用超越对数生产函数对我国城市商业银行的效率进行评价，除了符合城市商业银行规模收益可变的实际情况外，超越对数生产函数在使用时，没有生产要素之间必须具备固定替代弹性的限制，且不要求生产要素具有齐次性，具有易估计性和包容性等优点，更有利于我们测算商业银行的效率。该方法假定非效率项服从非对称分布，例如半正态分布，而随机误差项服从对称分布（通称假定为标准正态分布），并假定非效率项和随机误差项与估计方程中投入产出变量不相关。超越对数生产函数模型可表述为：

$$\ln y = x_i'\beta_i + v_i - u_i = \beta_0 + \beta_1\ln x_1 + \beta_2\ln x_2 + \beta_3\ln x_3 + \beta_4\ln x_4 + \beta_5(\ln x_1)^2 +$$
$$\beta_6(\ln x_2)^2 + \beta_7(\ln x_3)^2 + \beta_8(\ln x_4)^2 + \beta_9(\ln x_1)(\ln x_2) + \beta_{10}(\ln x_1)(\ln x_3) +$$
$$\beta_{11}(\ln x_1)(\ln x_4) + \beta_{12}(\ln x_2)(\ln x_3) + \beta_{13}(\ln x_2)(\ln x_4) + \beta_{14}(\ln x_3)(\ln x_4)$$

其中：x_1、x_2、x_3、x_4 分别代表各省份商业银行平均银行员工数、平均所有者权益、平均营业支出、平均一级核心资本，产出 y 分别为各省份商业银行平均银行利息净收入、平均非利息收入和平均不良贷款，β_i 代表待求系数值（$i=1$，2，3，…，14），x_i'是包含投入对数的 $k \times 1$ 向量；u_i 是与技术无效率相关的非负随机向量；v_i 是观测误差及其他随机因素。在 SFA 中，v_i 的分布是对称形式的，而 u_i 的分布形式则有多种，比如存在半正态、截断、γ 等分布形式，而比较这三种分布形式的统计结果后两者的统计结果比前者更显著，同时前两者的分布又类似于随机误差项，所以要区分随机误差 v_i 与技术非效率 u_i。目前，国内学者关于 u_i 一般使用半正态分布的形式，本书继续采用这一形式。

在确定了生产函数的形式之后，根据技术非效率项 u_i 的分布形态，可利用极大似然法估算出生产函数中的各个参数值。

本节使用 Frontier 4.1（Coelli，1996）对上面模型中的参数进行估计。Frontier 4.1 可以用来获得随机前沿生产函数和随机前沿成本函数的极大似然估计，并可以采用面板数据、随时间可变或不变效率、半正态或截断正态分布、因变量是对数或者是原值的函数形式，所以可以采用此程序。

4.1.2.2　指标选取及数据来源

前文中提到，指标的选取主要有生产法、中介法和资产法三种。其中，生产法将银行业类比于一般制造业，认为银行是金融产品的生产者，强调收入支出的关系，由于随机前沿分析方法只适用于多投入、单产出的情况，为了使产出更具有代表性，分别将各省份商业银行平均银行利息净收入、平均非利息收入、平均不良贷款作为产出指标，将各省份商业银行平均银行员工数、平均所有者权益、平均营业支出、平均一级资本净额作为投入指标，以期探究在相同投入、不同产出的情况下我国省份商业银行的效率值的异同。

依旧选取我国 116 家商业银行 2012～2016 年（其中 2012 年、2013 年为 115 家）的相关数据作为研究样本，文中所使用的资料均来源于各个银行的年报和 2012～2016 年的中国金融年鉴以及相关网站，数据来自各家银行的资产负债表和损益表。

4.1.2.3　实证分析及结果

依据以上所选指标及相应的模型选择形式，采用 Frontier 4.1 对生产函数模型中的参数进行了估计，得出各个参数的估计值，对模型的统计检验采用变差率和对变差率的零假设统计检验，即对成本函数的单边似然比检验统计量 LR 的显著性检验来判断，当产出 y 分别为各省份商业银行平均利息净收入、平均非利息收入和平均不良贷款时，其参数估计结果分别如表 4-6、表 4-7 和表 4-8 所示：

表4-6　产出为平均利息净收入时生产函数模型参数估计值

变量	系数	标准差	T检验值	变量	系数	标准差	T检验值
常数项β_0	7.0459	4.3378	1.6243	$(\ln x_1)(\ln x_2)$	21.268	18.366	1.158
$\ln x_1$	-3.9481	2.7334	-0.1444	$(\ln x_1)(\ln x_3)$	-2.571	1.133	-2.269
$\ln x_2$	-57.2686	44.0247	-1.3008	$(\ln x_1)(\ln x_4)$	-19.441	18.126	-1.073
$\ln x_3$	8.9361	3.8051	2.3485	$(\ln x_2)(\ln x_3)$	-74.082	23.136	-3.202
$\ln x_4$	52.3188	43.4715	1.2035	$(\ln x_2)(\ln x_4)$	635.79	7.681	82.778
$(\ln x_1)^2$	0.4944	0.4436	1.1147	$(\ln x_3)(\ln x_4)$	71.467	22.566	3.167
$(\ln x_2)^2$	-298.236	10.4939	-28.4201	σ^2	0.0306	0.0064	4.7958
$(\ln x_3)^2$	2.4256	1.0855	2.2345	γ	0.3639	0.1454	2.5029
$(\ln x_4)^2$	-336.998	11.5470	-29.1849				

表4-7　产出为非利息收入时商业银行生产函数模型参数估计值

变量	系数	标准差	T检验值	变量	系数	标准差	T检验值
常数项β_0	5.0981	10.031	0.5082	$(\ln x_1)(\ln x_2)$	-72.7790	30.5914	-2.3791
$\ln x_1$	-2.3050	6.2814	-0.3670	$(\ln x_1)(\ln x_3)$	-4.1460	2.7462	-1.5097
$\ln x_2$	149.8620	64.0697	2.3390	$(\ln x_1)(\ln x_4)$	76.4908	30.3391	2.5212
$\ln x_3$	14.9158	8.7678	1.7012	$(\ln x_2)(\ln x_3)$	41.0736	46.0229	0.8925
$\ln x_4$	-160.899	63.5292	-2.5327	$(\ln x_2)(\ln x_4)$	-699.8808	72.5359	-9.6487
$(\ln x_1)^2$	0.1279	0.9805	0.1304	$(\ln x_3)(\ln x_4)$	-44.9623	44.6031	-1.0081
$(\ln x_2)^2$	361.0119	41.3154	8.7380	σ^2	0.4774	0.1391	3.4313
$(\ln x_3)^2$	3.1306	2.3994	1.3047	γ	0.7872	0.0682	11.5372
$(\ln x_4)^2$	339.6273	46.3271	7.3311				

表4-8　产出为不良贷款时商业银行生产函数模型参数估计值

变量	系数	标准差	T检验值	变量	系数	标准差	T检验值
常数项β_0	292.895	149.854	1.9545	$(\ln x_1)(\ln x_2)$	-275.33	85.840	-3.208
$\ln x_1$	-180.113	104.479	-1.7239	$(\ln x_1)(\ln x_3)$	-22.315	33.138	-0.673

变量	系数	标准差	T检验值	变量	系数	标准差	T检验值
$\ln x_2$	570.2503	43.8321	13.0099	$(\ln x_1)(\ln x_4)$	245.402	70.684	3.472
$\ln x_3$	79.1794	111.0533	0.7130	$(\ln x_2)(\ln x_3)$	−81.148	56.620	−1.433
$\ln x_4$	−645.0855	82.6808	−7.8021	$(\ln x_2)(\ln x_4)$	29865.3	6.061	4927.66
$(\ln x_1)^2$	42.7613	18.7873	2.2761	$(\ln x_3)(\ln x_4)$	73.174	36.589	2.000
$(\ln x_2)^2$	−14710.15	65.4477	−224.762	σ^2	96.072	43.497	2.209
$(\ln x_3)^2$	5.1480	30.9143	0.1665	γ	0.8060	0.096	8.410
$(\ln x_4)^2$	−15105.27	73.4959	−205.5255				

其中，输出结果中的变差率 γ 表示技术无效率影响因素对个体效率差异的解释程度，其系数分别为 0.3639、0.7872、0.8060，均满足 $0 < \gamma \leqslant 1$，表明误差项同时是由随机误差与技术非效率组成，满足使用随机前沿分析的方法来进行效率测算的条件。

实证结果显示单边似然检验的值的大小分别为 30.0537、32.8282、23.4248，LR 的值用于检验不同样本点之间的效率差异是否存在，由于它的检验统计量为 $LR - 2\{[\ln(L(H_0))] - [\ln(L(H_1))]\}$，并且服从于渐进的 λ^2 分布，H_u 表示效率差异不存在的原假设，H_1 表示效率差异存在的备选假设，$L(H_0)$ 表示原假设成立时的对数似然函数的值，$L(H_1)$ 表示备选假设成立时的对数似然函数的值。如果 LR 大于 λ_n^2（n 表示自由度）分布的临界值，则认为样本之间的效率差异是存在的；否则，认为样本之间的效率差异不存在。在自由度为 4（柯布－道格拉斯生产函数中自变量的个数），显著性为 5% 的情况下，λ^2 的临界值为 7.79，因此，结合软件输出结果得到的单边似然比检验统计量 LR 值均大于 7.79，这表明上述模型的估计都是有效的，样本银行之间的效率差异是存在的。在此基础之上可以进行以下各银行效率值的测算工作。

当产出是各省份商业银行平均利息净收入时，采用 Frontier 4.1 软件得出的效率值计算结果如表 4-9 至表 4-13 所示：

表4-9 2012年各省份商业银行整体技术效率值

省份	效率值	省份	效率值	省份	效率值
北京市	0.8228	河南省	0.7726	四川省	0.8592
天津市	0.7483	湖北省	0.8161	重庆市	0.9030
河北省	0.9159	湖南省	0.7606	贵州省	0.9358
辽宁省	0.8155	江西省	0.7335	云南省	0.9280
上海市	0.8540	安徽省	0.8516	陕西省	0.8655
江苏省	0.9203	山西省	0.8968	甘肃省	0.9498
浙江省	0.9185	吉林省	0.9500	青海省	0.9129
福建省	0.7855	黑龙江省	0.8967	宁夏回族自治区	0.9232
山东省	0.9059	内蒙古自治区	0.6223	新疆维吾尔自治区	0.8998
广东省	0.5314	广西壮族自治区	0.8186	西藏自治区	0.9022

表4-10 2013年各省份商业银行整体技术效率值

省份	效率值	省份	效率值	省份	效率值
北京市	0.8509	河南省	0.8078	四川省	0.8819
天津市	0.7868	湖北省	0.8452	重庆市	0.9189
河北省	0.9298	湖南省	0.7974	贵州省	0.9465
辽宁省	0.8447	江西省	0.7739	云南省	0.9400
上海市	0.8775	安徽省	0.8754	陕西省	0.8873
江苏省	0.9335	山西省	0.9137	甘肃省	0.9583
浙江省	0.9320	吉林省	0.9584	青海省	0.9273
福建省	0.8189	黑龙江省	0.9137	宁夏回族自治区	0.9360
山东省	0.9214	内蒙古自治区	0.6756	新疆维吾尔自治区	0.9162
广东省	0.5930	广西壮族自治区	0.8473	西藏自治区	0.9182

表 4-11 2014 年各省份商业银行整体技术效率值

省份	效率值	省份	效率值	省份	效率值
北京市	0.8749	河南省	0.8381	四川省	0.9012
天津市	0.8201	湖北省	0.8701	重庆市	0.9324
河北省	0.9415	湖南省	0.8293	贵州省	0.9555
辽宁省	0.8697	江西省	0.8090	云南省	0.9501
上海市	0.8975	安徽省	0.8957	陕西省	0.9057
江苏省	0.9446	山西省	0.9280	甘肃省	0.9654
浙江省	0.9434	吉林省	0.9655	青海省	0.9394
福建省	0.8477	黑龙江省	0.9280	宁夏回族自治区	0.9467
山东省	0.9344	内蒙古自治区	0.7232	新疆维吾尔自治区	0.9301
广东省	0.6494	广西壮族自治区	0.8719	西藏自治区	0.9318

表 4-12 2015 年各省份商业银行整体技术效率值

省份	效率值	省份	效率值	省份	效率值
北京市	0.8954	河南省	0.8642	四川省	0.9175
天津市	0.8488	湖北省	0.8913	重庆市	0.9437
河北省	0.9513	湖南省	0.8566	贵州省	0.9630
辽宁省	0.8909	江西省	0.8393	云南省	0.9585
上海市	0.9144	安徽省	0.9129	陕西省	0.9213
江苏省	0.9540	山西省	0.9400	甘肃省	0.9713
浙江省	0.9529	吉林省	0.9713	青海省	0.9496
福建省	0.8723	黑龙江省	0.9400	宁夏回族自治区	0.9557
山东省	0.9454	内蒙古自治区	0.7651	新疆维吾尔自治区	0.9418
广东省	0.7001	广西壮族自治区	0.8928	西藏自治区	0.9432

表 4 – 13　2016 年各省份商业银行整体技术效率值

省份	效率值	省份	效率值	省份	效率值
北京市	0.9127	河南省	0.8863	四川省	0.9313
天津市	0.8733	湖北省	0.9092	重庆市	0.9532
河北省	0.9596	湖南省	0.8799	贵州省	0.9693
辽宁省	0.9089	江西省	0.8652	云南省	0.9656
上海市	0.9287	安徽省	0.9274	陕西省	0.9345
江苏省	0.9618	山西省	0.9501	甘肃省	0.9762
浙江省	0.9609	吉林省	0.9762	青海省	0.9581
福建省	0.8932	黑龙江省	0.9501	宁夏回族自治区	0.9632
山东省	0.9546	内蒙古自治区	0.8016	新疆维吾尔自治区	0.9516
广东省	0.7449	广西壮族自治区	0.9105	西藏自治区	0.9528

当产出是各省份商业银行平均非利息收入时，采用 Frontier 4.1 软件得出的效率值计算结果如表 4 – 14 至表 4 – 18 所示：

表 4 – 14　2012 年各省份商业银行整体技术效率值

省份	效率值	省份	效率值	省份	效率值
北京市	0.9631	河南省	0.9279	四川省	0.9749
天津市	0.9311	湖北省	0.9504	重庆市	0.9710
河北省	0.8945	湖南省	0.9659	贵州省	0.9217
辽宁省	0.9264	江西省	0.9660	云南省	0.9414
上海市	0.9506	安徽省	0.9551	陕西省	0.9574
江苏省	0.8926	山西省	0.9116	甘肃省	0.8783
浙江省	0.9483	吉林省	0.9494	青海省	0.9311
福建省	0.9670	黑龙江省	0.9715	宁夏回族自治区	0.9414
山东省	0.9503	内蒙古自治区	0.9652	新疆维吾尔自治区	0.9812
广东省	0.9637	广西壮族自治区	0.9451	西藏自治区	0.8762

表4-15 2013年各省份商业银行整体技术效率值

省份	效率值	省份	效率值	省份	效率值
北京市	0.9380	河南省	0.8803	四川省	0.9577
天津市	0.8854	湖北省	0.9171	重庆市	0.9511
河北省	0.8269	湖南省	0.9427	贵州省	0.8703
辽宁省	0.8778	江西省	0.9429	云南省	0.9023
上海市	0.9175	安徽省	0.9247	陕西省	0.9286
江苏省	0.8239	山西省	0.8541	甘肃省	0.8014
浙江省	0.9137	吉林省	0.9153	青海省	0.8854
福建省	0.9445	黑龙江省	0.9520	宁夏回族自治区	0.9023
山东省	0.9169	内蒙古自治区	0.9416	新疆维吾尔自治区	0.9681
广东省	0.9390	广西壮族自治区	0.9083	西藏自治区	0.7981

表4-16 2014年各省份商业银行整体技术效率值

省份	效率值	省份	效率值	省份	效率值
北京市	0.8971	河南省	0.8051	四川省	0.9293
天津市	0.8132	湖北省	0.8634	重庆市	0.9185
河北省	0.7235	湖南省	0.9047	贵州省	0.7897
辽宁省	0.8013	江西省	0.9051	云南省	0.8398
上海市	0.8640	安徽省	0.8757	陕西省	0.8820
江苏省	0.7190	山西省	0.7646	甘肃省	0.6858
浙江省	0.8579	吉林省	0.8606	青海省	0.8132
福建省	0.9077	黑龙江省	0.9199	宁夏回族自治区	0.8398
山东省	0.8631	内蒙古自治区	0.9029	新疆维吾尔自治区	0.9465
广东省	0.8988	广西壮族自治区	0.8494	西藏自治区	0.6810

表4-17 2015年各省份商业银行整体技术效率值

省份	效率值	省份	效率值	省份	效率值
北京市	0.8327	河南省	0.6930	四川省	0.8837
天津市	0.7049	湖北省	0.7805	重庆市	0.8665
河北省	0.5773	湖南省	0.8447	贵州省	0.6704
辽宁省	0.6874	江西省	0.8452	云南省	0.7447

续表

省份	效率值	省份	效率值	省份	效率值
上海市	0.7814	安徽省	0.7994	陕西省	0.8091
江苏省	0.5712	山西省	0.6345	甘肃省	0.5268
浙江省	0.7721	吉林省	0.7762	青海省	0.7049
福建省	0.8493	黑龙江省	0.8686	宁夏回族自治区	0.7447
山东省	0.7800	内蒙古自治区	0.8419	新疆维吾尔自治区	0.9113
广东省	0.8354	广西壮族自治区	0.7592	西藏自治区	0.5205

表 4 - 18　2016 年各省份商业银行整体技术效率值

省份	效率值	省份	效率值	省份	效率值
北京市	0.7366	河南省	0.5402	四川省	0.8133
天津市	0.5561	湖北省	0.6609	重庆市	0.7871
河北省	0.3955	湖南省	0.7544	贵州省	0.5106
辽宁省	0.5329	江西省	0.7551	云南省	0.6104
上海市	0.6621	安徽省	0.6879	陕西省	0.7020
江苏省	0.3883	山西省	0.4648	甘肃省	0.3381
浙江省	0.6489	吉林省	0.6547	青海省	0.5562
福建省	0.7612	黑龙江省	0.7903	宁夏回族自治区	0.6104
山东省	0.6602	内蒙古自治区	0.7502	新疆维吾尔自治区	0.8559
广东省	0.7406	广西壮族自治区	0.6306	西藏自治区	0.3313

　　当产出是各省份商业银行平均不良贷款时，采用 Frontier 4.1 软件得出的效率值计算结果如表 4 - 19 至表 4 - 23 所示：

表 4 - 19　2012 年各省份商业银行整体技术效率值

省份	效率值	省份	效率值	省份	效率值
北京市	0.0000	河南省	0.0049	四川省	0.0305
天津市	0.0000	湖北省	0.0018	重庆市	0.0000
河北省	0.0023	湖南省	0.0000	贵州省	0.0001
辽宁省	0.1509	江西省	0.0008	云南省	0.0034
上海市	0.0000	安徽省	0.0000	陕西省	0.0002

省份	效率值	省份	效率值	省份	效率值
江苏省	0.5850	山西省	0.0001	甘肃省	0.0014
浙江省	0.0088	吉林省	0.0198	青海省	0.1733
福建省	0.0094	黑龙江省	0.0000	宁夏回族自治区	0.1219
山东省	0.0665	内蒙古自治区	0.0748	新疆维吾尔自治区	0.0073
广东省	0.0002	广西壮族自治区	0.0701	西藏自治区	0.0200

表4－20 2013年各省份商业银行整体技术效率值

省份	效率值	省份	效率值	省份	效率值
北京市	0.0000	河南省	0.0063	四川省	0.0354
天津市	0.0000	湖北省	0.0024	重庆市	0.0000
河北省	0.0030	湖南省	0.0000	贵州省	0.0002
辽宁省	0.1641	江西省	0.0011	云南省	0.0044
上海市	0.0000	安徽省	0.0000	陕西省	0.0003
江苏省	0.6033	山西省	0.0001	甘肃省	0.0019
浙江省	0.0109	吉林省	0.0234	青海省	0.1875
福建省	0.0116	黑龙江省	0.0000	宁夏回族自治区	0.1336
山东省	0.0746	内蒙古自治区	0.0835	新疆维吾尔自治区	0.0091
广东省	0.0003	广西壮族自治区	0.0785	西藏自治区	0.0237

表4－21 2014年各省份商业银行整体技术效率值

省份	效率值	省份	效率值	省份	效率值
北京市	0.0000	河南省	0.0080	四川省	0.0411
天津市	0.0000	湖北省	0.0032	重庆市	0.0000
河北省	0.0041	湖南省	0.0000	贵州省	0.0003
辽宁省	0.1782	江西省	0.0016	云南省	0.0058
上海市	0.0000	安徽省	0.0000	陕西省	0.0005
江苏省	0.6214	山西省	0.0002	甘肃省	0.0026
浙江省	0.0134	吉林省	0.0277	青海省	0.2027
福建省	0.0142	黑龙江省	0.0000	宁夏回族自治区	0.1463
山东省	0.0837	内蒙古自治区	0.0932	新疆维吾尔自治区	0.0114
广东省	0.0005	广西壮族自治区	0.0879	西藏自治区	0.0280

表 4 – 22　2015 年各省份商业银行整体技术效率值

省份	效率值	省份	效率值	省份	效率值
北京市	0.0000	河南省	0.0101	四川省	0.0476
天津市	0.0000	湖北省	0.0044	重庆市	0.0001
河北省	0.0054	湖南省	0.0000	贵州省	0.0004
辽宁省	0.1933	江西省	0.0023	云南省	0.0075
上海市	0.0000	安徽省	0.0000	陕西省	0.0007
江苏省	0.6391	山西省	0.0003	甘肃省	0.0036
浙江省	0.0165	吉林省	0.0328	青海省	0.2187
福建省	0.0175	黑龙江省	0.0000	宁夏回族自治区	0.1600
山东省	0.0938	内蒙古自治区	0.1040	新疆维吾尔自治区	0.0141
广东省	0.0008	广西壮族自治区	0.0982	西藏自治区	0.0331

表 4 – 23　2016 年各省份商业银行整体技术效率值

省份	效率值	省份	效率值	省份	效率值
北京市	0.0000	河南省	0.0128	四川省	0.0551
天津市	0.0000	湖北省	0.0058	重庆市	0.0002
河北省	0.0071	湖南省	0.0001	贵州省	0.0007
辽宁省	0.2093	江西省	0.0032	云南省	0.0097
上海市	0.0000	安徽省	0.0000	陕西省	0.0011
江苏省	0.6565	山西省	0.0005	甘肃省	0.0049
浙江省	0.0203	吉林省	0.0387	青海省	0.2355
福建省	0.0214	黑龙江省	0.0000	宁夏回族自治区	0.1747
山东省	0.1049	内蒙古自治区	0.1157	新疆维吾尔自治区	0.0175
广东省	0.0012	广西壮族自治区	0.1096	西藏自治区	0.0390

4.1.2.4　结论及建议

综合以上整体效率分析结果来看，2012～2016 年各省份商业银行效率值总体随时间呈现规律性发展趋势，其中：

第一，各省份商业银行效率值随产出的变化而出现规律性变化。当产出为省份各商业银行平均利息净收入时，除广东、内蒙古两省效率值明显偏低外，其余省份商业银行效率值总体处于较高状态；随着时间的推移，效率值出现逐步增高的趋势，且增长的速度逐渐放缓，呈现倒 U 形状的上升部分，即半倒 U 形。当产出为省域各商业银行平均非利息收入时，无效率值明显偏低的省份，各省份商业银行效率值均处于较高状态；随着时间的推移，效率值出现逐步降低的趋势，且下降的速度逐渐增高，呈现倒 U 形状的下降部分，即半倒 U 形，二者组成了一个完整的倒 U 形状。这与上一章中分省份、分地区的分析结果类似，这也说明了我国城市商业银行总体效率值随时间变化的情况基本不随省域、地区的划分而改变。

当产出为不良贷款时，效率值越高说明该银行规避不良贷款的能力越弱。结合表中数据，江苏银行的效率值要明显高于其他商业银行，且有逐年增高的趋势，说明江苏省的商业银行总体上规避不良贷款、抵御风险的能力较弱，其经营战略管理有待进一步优化。

第二，当产出由传统的利息净收入变为非利息收入时，江苏、贵州、甘肃、西藏四省份商业银行效率值有所下降，吉林省商业银行效率值基本不变，其余省份的商业银行效率值均有提高。其中河南、广东、内蒙古、湖南、江西五个省份商业银行总体效率值出现较大波动，其余省份商业银行效率值大致呈现稳定变化趋势。结合具体数据，除江苏、贵州、甘肃、西藏、吉林五省外，我国其余省份的城市商业银行其主要利润收入已经不再依赖于传统的利息收入，符合现代银行业发展趋势的诸如投资、咨询等非利息收入成为其主要利润收入来源。

利率市场化进程的不断加快进一步加剧了金融行业的竞争激烈程度，在利差基础上发展起来的传统银行业务进入了一个低谷期，以利差为主的盈利模式受到了严重的冲击，因此各大商业银行都必须转变营利模式作为实现可持续发展的首要任务，为实现这一目标，建议从以下几点进行：

一是保持传统业务的优势，巩固发展。首先应以拓展定期存款业务为主要手段，满足不同客户的定期存款需求，综合运用通知存款、协议存款等方式吸收资金，以住房储蓄、教育储蓄等形式吸收个人闲散资金，打造与市场需求相适应的多种类业务体系。其次还应以短期贷款为主要突破口，将风险较低、资金流动强的业务作为重点发展的贷款种类等。

二是稳健经营，不断创新。为了在激烈的竞争中取得发展和进步，各银行应该转变经营理念，充分利用现代化技术，重新设计业务流程和管理流程，推行作业成本制度，走集约化的银行经营之路。如个人理财、房地产投资等中间业务的创新与发展是银行产品创新的重要来源，应将中间业务作为银行产品调整、创新的主要内容。同时还应以互联网技术为基础，建立多功能、电子化的网络服务系统，充分利用计算机网络为拓展银行新兴业务提供有力的技术支持。

4.2 灰色模型分析

4.2.1 模型设定与变量选择

实证研究的数据来自于国家统计局和各省统计局网站各年相关统计年鉴，观测数据的样本长度为 2013～2016 年，选取了 GDP 增长率（$RGDP_{it}$）、上一节中 4 种效率均值（E_{it}）、年底就业人口数（P_{it}）、投资率（I_{it}）进行处理。本书在这里将采用灰色理论中 0 阶和 N−1 个自变量的 GM（0，N）模型进行相关分析。与传统大样本、线性分布条件下的回归分析相比，GM（0，N）更适合于有限样本、分布非线性的分析，特别地，其分析精确性相对更高。相关的计算模型是：

$$x_1^{(1)}(k) = bx_2^{(1)}(k) + cx_3^{(1)}(k) + dx_4^{(1)}(k) + a$$

其中，$RGDP_{it}$ 表示 i 地区 t 时期的 GDP 增长率，E_{it} 表示 i 地区 t 时期的 4 种效率均值，P_{it} 表示 i 地区 t 时期的年底就业人口数，I_{it} 表示 i 地区 t 时期的投资率，a、b、c、d 为待估参数。

4.2.2 基于 30 个省份面板数据的实证分析

为简化分析，以下将 4 种效率均值、就业人口数、投资率分别简称为 E、P、I，将数据代入到 GM（0，4），其模型计算结果是：

当因变量是 GDP 增长率时，模型相关变量的估计结果如表 4−24 所示：

表 4 – 24 因变量是人均 GDP 时的模型估计结果

省份	常数项	效率均值	就业人口数	投资率
北京市	– 0.0083	– 0.0106	– 0.0001	0.4688
天津市	– 0.0107	0.0313	0.0002	– 0.1406
河北省	0.0059	– 0.2129	0.0001	0.0469
辽宁省	0.0066	0.0645	– 0.0001	0.2754
上海市	– 0.0215	0.3359	– 0.0001	0.0156
江苏省	– 0.0053	0.2979	0.0000	– 0.0605
浙江省	0.0938	– 0.7188	0.0000	1.3125
福建省	0.0059	0.1257	0.0000	– 0.4927
山东省	0.4219	2.6875	– 0.0015	7.5000
广东省	0.0000	0.0000	0.0000	0.0000
河南省	0.0048	0.0386	0.0000	0.0260
湖北省	0.0146	– 0.8750	0.0000	0.4375
湖南省	0.0010	– 0.7461	0.0001	– 0.0732
江西省	0.0045	– 0.0107	0.0001	– 0.0264
安徽省	0.0215	– 0.3984	0.0001	– 0.0859
山西省	0.0156	0.2910	– 0.0001	– 0.1172
吉林省	0.0013	0.0737	0.0000	0.1992
黑龙江省	– 0.0138	– 0.0225	0.0000	0.0835
内蒙古自治区	0.0095	– 0.1035	0.0001	0.0391
广西壮族自治区	0.0027	– 0.0120	0.0000	0.0352
四川省	0.0079	– 0.0105	0.0000	0.0918
重庆市	0.0000	0.1113	– 0.0001	– 0.1094
贵州省	0.0016	0.0352	0.0002	– 0.1128
云南省	0.0918	1.6563	– 0.0004	– 0.2500
陕西省	0.0326	0.3320	0.0000	– 0.9727
甘肃省	0.0176	0.0137	0.0002	– 0.1406
青海省	0.0000	0.1406	0.0000	– 0.2266
宁夏回族自治区	0.0232	– 0.1719	0.0008	0.0391
新疆维吾尔自治区	0.0508	0.2461	0.0001	– 0.0703
西藏自治区	0.0359	– 0.0483	– 0.0055	1.6875

将表4-24中的数据用折线图的方式呈现如图4-1至图4-3所示：

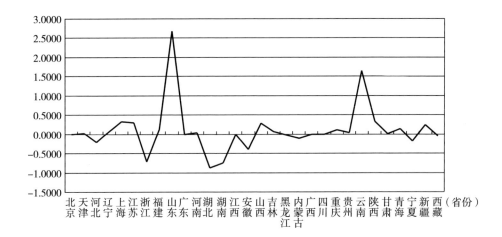

图4-1 各省份商业银行效率均值与GDP增长率关系

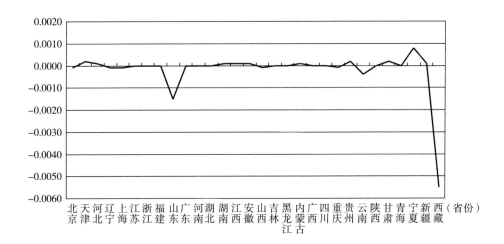

图4-2 各省份商业银行年底就业人数与GDP增长率关系

从图4-1中可以看出，当把GDP增长率作为因变量时，多于半数省份商业银行的效率均值与GDP增长率呈正向关系，其余省份商业银行的效率均值与GDP增长率呈负向关系。其中，云南和山东两省GDP增长率与其商业银行的效率均值呈现显著的正向关系，湖北、浙江两省商业银行的效率均值与GDP增长率呈现显著的负向关系。

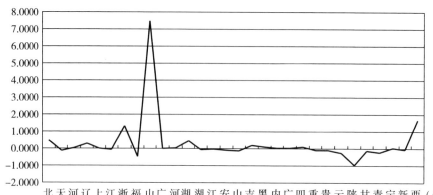

图4-3 各省份投资率与GDP增长率关系

上述结果说明了上海、山东、云南、江苏等省份在实现逐年GDP增长的同时，也实现了对如人力资源、自然资源等诸多资源的合理配置与利用，使其对GDP的增长呈现显著促进作用，而如浙江、湖北、湖南、安徽等省份没能实现对资源的合理配置，不能达到经济与资源高效利用的同步进行，仍需出台相应政策调整以实现生态、高效、文明发展的目标。

从图4-2中可以看出，当将GDP增长率作为因变量时，除少数省份如山东、云南、宁夏、新疆等就业人数与GDP有着相关关系外，其余绝大部分省份的就业人数与GDP增长率无明显的相关关系。其中，天津、河北、湖南、江西等省份GDP增长率与就业人数呈现正向关系，北京、辽宁、上海等省份GDP增长率与就业人数呈现负向关系。

上述结果说明了当下我国大部分省份就业人数与GDP增长率并无明显的相关关系，这也从侧面反映出现阶段我国的经济增长率不再仅仅依靠传统劳动密集型产业的就业劳动力增加来促进，而是注重以高新技术产业为主，高新技术产业以其所需就业人员少、附加值高等特点在逐步取代传统行业成为我国经济发展的主要动力。

从图 4-3 中可以看出，半数省份的投资率与 GDP 增长率呈现正向关系，广东投资率与 GDP 增长率没有相关关系，其余省份投资率与 GDP 增长率呈现负向关系。结果表明，现阶段北京、上海、河北、辽宁等省份其投资率能起到对 GDP 增长的正向促进作用，说明这些省份能够很好地引进投资，并且通过投资拉动就业、基础设施建设、提高开放度等来促进经济的增长。而江苏、江西、山西等省份的投资率没有起到对 GDP 增长的促进作用，说明这些省份的开放程度、引进投资的条件等还不够成熟，仍然需要出台相关政策来进一步提高开放程度、积极引进投资，从而使经济实现多元化发展。

4.2.3 主要结论

从以上分析中可以看出：

（1）多于半数省份商业银行的效率均值与 GDP 增长率呈现正向关系，说明现阶段我国多数省份商业银行实现了对资源的合理配置，能够在提高对有限资源实现有效利用率的同时促进 GDP 的增长。但不能忽视的是，仍有如河北、浙江、湖北等部分省份商业银行其效率均值与经济增长之间呈现负向关系，说明我国部分省份商业银行仍需进一步加强对业务、服务的多元化发展，以及出台相关政策解决因各省份商业银行对资源的单一依赖性所导致的发展不均衡。

（2）现阶段我国多数省份的就业人数的增加对经济的增长无明显作用，表明经济发展已经不再依赖传统劳动密集型产业，对劳动力需求量少、附加价值高、更具有创新性的高新技术产业的扶植与发展已经成为我国现阶段发展的目标。

（3）半数省份的投资率与经济增长起到正向促进作用，表明我国现阶段多数省份能够做到进一步深化改革开放、积极引进投资、以投资来促进经济增长的目标。

4.3 本章小结

本章基于数据包络分析法和随机前沿分析法对我国 30 个省份的城市商业银行进行效率分析，分析结果表明：①样本期间内，我国各省份城市商业银行的技术效率年度均值总体表现较好，但各省份间的技术效率和规模效率极差较大，存在发展失衡现象，纯技术效率极差相对较小，说明各省份城市商业银行对现有技术利用的程度较强，经营管理水平较高。②样本期间内，我国各省份商业银行对传统业务的依赖性存在地区间差异，且大部分省份商业银行对传统业务的依赖性有进一步增长的趋势，这也说明我国城市商业银行整体上仍处于由传统业务经营向现代化多种类、多元化产品、服务的转型当中，经营模式有待进一步改善。

本章主要以第三章我国商业银行不同种类的评价效率值与其经济增长之间的关系展开研究，从分析结果可以发现：总体来看，大部分省份其效率值与经济增长呈现正向关系，说明我国商业银行整体上对资源的有效利用与配置的合理性反过来促进了经济的增长；但是有部分省份在不同评价方法下，其商业银行的效率值与经济增长的关系可能存在明显的相反关系，这说明部分省份商业银行发展模式仍然较为单一，对资源没有实现有效配置，为实现风险的分散化归置，仍需采取有效措施来实现经济发展模式的多元化。

5　结论及建议

5.1　主要结论

本书以中国城市商业银行为研究对象，在系统梳理城市商业银行的经济作用机制基础上，分别采用 DEA 和 SFA 两类方法评估了其效率，主要得出以下结论：

第一，金融系统特别是商业银行是推动经济增长的重要媒介，就中国而言，城市商业银行作为中国银行体系的特殊群体和重要组成部分，其发展质量的提升亦会促进储蓄向投资的有效转化，进而加速资本累积与产出增长，并最终实现经济社会发展的良性循环。

第二，从中国城市商业银行的微观效率来看，资金集聚效率普遍高于获利效率和综合效率，且前者呈上升态势，技术进步则是影响各城市商业银行综合效率的主要原因。同时，尽管当前城市商业银行正在积极改变经营模式，但其依旧对传统盈利模式有较大依赖性。

第三，从省际视角考察城市商业银行的效率及其对区域经济增长的作用，发现各省份间的技术效率和规模效率极差较大，说明区域间城市商业银行发展存在较严重失衡现象，但无论从单一方法测度的效率指标或是综合不同方法测度的平均效率指标来看，多数均支持城市商业银行效率水平与区域经济增长正相关这一结论。

5.2 政策建议

根据目前的情况以及具体的实证分析可以看出，我国城市商业银行总体效率仍具有较大上升空间，尤其是欠发达地区城市商业银行，应当处理好做大做强发展战略协调关系，提高内部经营管理水平，走差异化、特色化经营道路，努力做到外延扩张和内涵发展并举，以真正有效的市场组织体系，参与金融市场竞争，提高城市商业银行经营效率。下面主要从六个方面来探讨提高我国城市商业银行效率的对策与建议。

5.2.1 优化治理结构，减少地方政府干预

实证研究表明营业外支出率与城市商业银行技术效率负相关，也就是说公司治理水平越高的城市商业银行技术效率越高。完善的法人治理结构，不仅有利于减少城市商业银行的公司代理成本，而且可以使城市商业银行真正成为以"产权清晰、权责明确、政企分开、管理科学"为特征的现代企业。国内的城市商业银行整体管理技术水平相对落后，管理经验相对缺乏。随着我国市场体系的逐步完善，民营资本开始进入金融领域，对金融业的发展起到巨大的促进作用。在这一方面做得比较好的如民生银行，具有较低的不良贷款率。因此，城市商业银行可以借鉴民生银行的做法，积极引进优质的民营资本，丰富银行的股权属性。另外，引进境外战略投资者也是一个不错的途径，因为银行在引进战略投资者的同时，也会带来先进管理模式与管理经验，还能使银行的资本结构由单一的人民币结构转变为人民币与外币并存的多元结构，从而增强银行的抗风险能力。最后，引进民营资本和境外战略投资者还能够进一步完善城市商业银行的治理结构，有利于城市商业银行治理结构以及股权结构向多元化方向发展。对于城市商业银行来说，通过引入境外战略投资，可以优化其股权结构和改善公司的治理结构。同时，还可以引进先进管理理念和技术。与国有商业银行和大中型股份制商业银行相比，城市商业银行规模小、管理基础差，因此快速提高城市商业银行的管理和

技术就显得尤为重要。境外战略投资与城市商业银行的无效率项呈负相关关系，所以，通过引入境外战略投资可以提高城市商业银行的效率，从而可以提升其管理水平和核心竞争力。城市商业银行应当充分分析自身的规模和业务特点，有针对性地引进适合自身发展的战略投资者，实现"引资"和"引智"结合，学习先进的管理技术和模式，提升城市商业银行技术效率。城市商业银行引入的对象应是与其经营业务和管理等方面均匹配的战略投资者，而并非是一般的财务投资者。尽管近年来城市商业银行取得了较快的发展，但在很大程度上还是来自于中国经济和地方经济的良好增长态势。城市商业银行管理水平仍较低，产品创新能力还比较差，它可以通过"引资"来达到"引智"的目的，学习发达国家和地区的先进理念、技术和管理经验，提升城市商业银行的管理水平和核心竞争力。通过强强联合与重组，也可以实现各地方政府相互制衡，优化城市商业银行的股权结构与治理结构，从而减少地方政府的不当干预。也就是说，优化治理结构的同时要减少地方政府对城市商业银行的干预，政府应该做的是积极推出存款保险制度，给予银行更多经营自主权，让其在市场竞争中实现优胜劣汰。

优化城市商业银行的治理结构就是要求银行吸收中外银行的先进管理经验，以自己的特色弥补规模和技术上的劣势。具体来说，从完善城市商业银行的内部体制看，从城市信用社转制而来的城市商业银行普遍存在内部管理不规范、内控制度不健全以及与当初牵头组建的单位存在着千丝万缕的"情结"等问题，这不利于其按现代企业制度要求进行运作。完善的法人治理结构，有助于形成对经营者的产权约束，有助于城市商业银行建立以"产权清晰、权责明确、政企分开、管理科学"为特征的现代企业制度，有助于城市商业银行真正成为自主经营、自负盈亏、自我发展和自我约束的市场主体。由于城市商业银行从一开始就建立了"股份制"的产权组织形式，因此，目前的任务是要明确股东会、董事会、监事会和高级管理层的职责，形成各司其职、协调运转、有效制衡的公司法人治理结构。城市商业银行应以增资扩股为契机，进一步完善"三会一层"的议事制度，调整充实董事人选，配备独立董事，使董事会的核心决策作用不断加强。从银行内部的管理机制方面看，应在经营机制、激励机制等方面下功夫，提高银行内部的管理效率。同时，应该加快流程银行建设。流程银行是以客户为导向的，从与客户最贴近也最敏感的业务流程切入，真正考虑客户的需求和偏好，并制作客户满意的产品和服务。城市商业银行在体制改革过程中应坚持"方便企业、服务百姓"为宗旨，在突出自身特色服务的同时注重业务的多样化，组织和管理流程的重构紧紧围绕业务流程进行，充分发挥机制优势。

5.2.2　调整资产规模，改善资产质量

由于很多银行一直对银行规模存在误区，认为银行规模越大规模经济越显著，于是在进行经营决策时往往把规模扩张作为重点实施。近年来，城市商业银行在跨区域经营、联合重组、引入战略投资者方面步伐加快，支行网点密集铺设、机构人员数量大幅增长、资产规模快速膨胀，造成机构臃肿、风险隐患累积、效率低下等问题。银行作为市场经济的主体，任何资金投入或支出都必须遵循成本效益原则，扩大规模并不一定能够提升效率。实证结果发现资产规模与城市商业银行技术效率呈明显负相关，这表明很多城市商业银行已经进入规模报酬递减的阶段。因此，城市商业银行应及时调整发展策略，增强银行效率意识，注重银行经营管理，提高规模效率，保持效率与规模扩张同步增长。

城市商业银行的不良贷款率对城市商业银行成本效率有非常显著的影响，而且两者呈现出显著的负相关关系，即不良贷款率越高，城市商业银行成本效率则越低。改善城市商业银行资产质量是提升其成本效率的重要途径。在发放客户贷款之前，应该充分了解贷款人的有效相关信息，如道德品质、家庭境况、资本实力、抵押担保等；通过对贷款人的深层了解，明确贷款人的还款能力，对于还款能力不足的贷款人拒绝贷款。对于企业客户，城市商业银行贷款前要充分考察和了解企业的相关重要信息，如其现金流动情况、企业资产及负债状况、企业近年损益情况等，通过对这些信息的考察与分析，合理地评价企业的还款能力，避免在贷款之后发生坏账的情况，加强城市商业银行自身的风险抵御能力。同时，贷款之前，城市商业银行应对将要发放的贷款进行科学、合理、有效的分类，针对不同客户的情况发放不同类型的贷款，同时有针对性地采取不同的措施，防范客户无法还款等相关信用风险，提高商业银行的风险防范能力。对于外力导致还款不及时的客户，城市商业银行可以适当拓展还款期限，确保贷款能够在拓展后按时偿还；对于经营效率良好的企业客户，可以采取"追加新款"的方式，帮助其度过经营困难时期，再及时收回贷款；对于经营不善、暂时无力偿还贷款的企

业客户，城市商业银行可以主动参与企业经营管理，限制部分企业投资活动，确保贷款能够收回。最后，城市商业银行仅仅依靠贷款事前防控风险是远远不够的，无法很好地维护城市商业银行的权益。城市商业银行在明确贷款客户的还款能力和合理分配贷款类型的基础上，还应进一步加强整个贷款过程的跟踪和控制，明确相关部门的职责，确保审贷、贷款责任等岗位能够有效把关，尽最大努力降低城市商业银行无法收回贷款的损失。

5.2.3 加快技术和业务创新，拓宽盈利渠道

实证结果发现盈利能力与城市商业银行的技术效率呈显著正相关，也就是说盈利能力越强的城市商业银行技术效率越高。随着中国银行业的不断发展，靠传统业务的存贷利差获取利润的途径越来越窄，因此要想在激烈的银行竞争中有立足之地，必须加强中间业务的开发能力。中国东部地区城市商业银行技术效率和纯技术效率较高，中间业务占比大。因此，中国尤其是中、西部城市商业银行应该积极拓展中间业务，创新业务品种，加大技术创新是中国城市商业银行实现快速发展的有效途径。中国城市商业银行应该把技术创新放在首位，积极探索发展中间业务，拓宽盈利空间，提高非利息收入占比，积极开发新的产品和业务，加大分散经营，降低面临的内外风险，提高中国城市商业银行的效率和盈利能力。现阶段，城市商业银行业务拓展中已经涌现出一些可取的发展方向，其中有部分城市商业银行业务发展比较出色。银行卡业务具有低成本、高收益、高风险的特色，是目前发展较为成熟的商业银行中间业务。同时，银行卡可作为一种媒介，推进和拉动商业银行其他业务的发展。城市商业银行的地域性特点，致使其银行卡业务基础比较薄弱，客户资源有限，相关人才缺乏，严重制约了城市商业银行经营绩效的提升。下一步，城市商业银行应积极扩大银行卡的发行规模，并对银行卡形式和内容进行细化和创新，全面发行贷记卡、储蓄卡、信用卡、专用卡等多种类型的银行卡；进一步完善银行卡的功能，针对不同客户提高差别化银行卡服务，加强与网上银行等业务的关联性。

金融危机后，农村经济金融的发展前景进一步凸显，城市商业银行通过设立县域支行、发起设立村镇银行等途径开拓农村金融市场。其中不少城市商业银行通过制定清晰的村镇银行发展战略以及与国际金融机构合作等，成为设立村镇银

行主力，积极开拓农村金融业务。随着居民积蓄的不断提高以及居民对理财知识的不断增长，居民对理财的需求日益增长。城市商业银行应该积极抓住这一机遇，积极推出品种多样、特色明显、优势突出的理财产品，在满足城市居民理财需求的同时，能够较好地扩大自身的资金来源；积极引进和培养金融理财方面的专业人才，建立针对客户需求的不同理财团队，针对客户的不同需求提供差别化特色服务。社区银行业务自身具有贴近社区，方式灵活、信息充分以及产品"短平快"的特点，加上政策方面鼓励中小商业银行专注社区居民，强化社区金融服务，使社区银行业务成为城市商业银行业务发展的突破口之一。当前城市商业银行的社区银行主要以便民支行和金融便利店的形式存在。北京银行的"社区金管家"以及黑龙江银行的"小龙人"社区银行品牌均收到良好的效果。此外，借力互联网金融的兴起，城市商业银行的直销银行业务也随之发展起来。直销银行作为一种新型银行，不同于网上银行仅作为传统银行渠道、业务的互联网延伸，而是完全构建在互联网上的银行，几乎无实体机构、无分支机构。城市商业银行中北京银行的直销银行业务赢得了广泛好评。北京银行直销银行业务以"用户自助"为核心，注重线上渠道和线下渠道的融合与沟通，线上渠道由互联网综合营销平台、网上银行、手机银行等多种电子化服务渠道构成；线下渠道采用全新理念建设便民直销店，布放各种自助设备和多种自助操作渠道。由于以智能、高速的互联网作为运营基础，网上银行具有了高效、低成本、智能化、特色化的优点，逐渐成为商业银行发展的重点领域和趋势。城市商业银行应该借此机会，大力推进自身网上银行的发展，设立更多的 POS 机、ATM 机、网上银行、电话银行等多种形式的网上银行；充分利用网上银行自动化、方便化的优势，鼓励客户使用网上银行进行相关业务操作，一方面降低城市商业银行的运营成本，另一方面还能节约客户的时间成本，提高客户的使用粘度，扩大城市商业银行的客户规模。2012 年城市商业银行开始集体向私人银行业务发力，北京银行、上海银行、成都农商行、杭州银行、大连银行、晋商银行、吉林银行等都建立起相应的私人银行部门，其中北京银行作为城市商业银行私人银行业务的"领头羊"，最早建立起"超越财富"和"私人银行"两大品牌，并明确设立了私人银行业务中最顶尖的服务——家族信托业务。但是由于城市商业银行零售产品种类较少、产品创新相对滞后，私人银行竞争同质化严重，大多城市商业银行还处于观望状态。

随着市场化进程的不断加快，银行业靠利差收入为主的营业渠道越来越窄，而国有银行和股份制银行在传统业务上长期占有明显优势，因此城市商业银行要想在银行业的竞争格局中脱颖而出，必须大力提升创新能力，积极开拓中间业务。实证研究表明，非利息占比与城市商业银行技术效率正相关，提高中间业务在经营收入中的比重，可以增强银行利润创造能力，也能规避部分贷款信用风险。中国银行业中间业务虽然发展较快，但与发达国家相比，仍然存在较大的差距。在量和质上都有所体现：一方面，大部分国内商业银行的中间业务收入占总收入的比例大约为10%，远远低于美国和欧洲，与亚洲其他较为成熟的市场如日本、新加坡等相比，也存在一定差距；另一方面，国内商业银行中间业务品种少、范围窄，集中于传统的结算、汇兑、代收代付以及信用卡、信用证、押汇等产品，咨询服务类、投资融资类及衍生金融工具交易等高技术含量、高附加值中间业务发展不足，覆盖面窄。因此，加快中国银行业中间业务的发展成为关键。同时这也说明国内城市商业银行中间业务的未来提升空间仍然很大。以后应加大产品创新力度，丰富产品线；适度与保险业和证券业之间进行业务交叉，获得新型业务市场准入，实现优势互补，降低经营风险，提高城市商业银行效率。推动同城自动化清算系统的建设，实现账务处理自动化；大力发展私人银行业务；积极开展房地产等资产证券化，学习国外经验，寻找业务突破口，为将来的发展打好基础。

要实现这些，城市商业银行要从人才方面入手。提高员工的意识，转变观念，引进大量优秀人才。人才将是城市商业银行赢得市场竞争的重要决定因素。尽管城市商业银行普遍面临人才不足且优秀人才流失的现实压力，但只要积极行动起来，从改善人员管理机制入手，努力搞好人力资源管理，就一定能够创造出人才比较优势。一是要尽快建立能进能出的人才流动机制。对于成绩优秀的大学毕业生和经验丰富的专业人才，应当每年引进一批，充实银行人才队伍，同时根据"末位淘汰"原则，每年要将一批素质较差的员工淘汰出行，改善银行人才结构。二是要尽快建立起科学合理的人才评价机制。要积极借鉴国外同业的管理经验，尽可能细化和量化对人才和人才绩效的评价，力争形成一套比较科学的"赛马机制"，以替代目前普遍存在的"相马机制"。三是要尽快建立内容丰富的人才培养机制。既要使员工提高对传统业务原有工种的熟悉程度，又要提高对新兴业务的了解和掌握；既要重视对一线员工技能操作的培训，更要重视对中高级管理人才的培训；既要坚持在职培训，又要实施离职学习，最终目标是量才施教，组建银行的"人才储备库存"。四是要尽快建立公平公正的人才使用机制。对于在工作中脱颖而出的优秀员工，根据其工作业绩和工作能力，要及时提拔和重用，以吸引和挽留更多的优秀人才。这样才能让员工从传统的存贷利差的观念中转变过来，同时做好规划，开展中间业务。这既要有明确目标又要有长远规划，根据客户需求、市场状况以及自身的成本费用制定科学合理的方案。同时，开发新的产品，在原有产品的基础上，开发出新的金融产品。既要做好原有的结算、信托、代理、租赁等中间业务，又要开发出新的金融产品，满足客户的需求，在不断创新的基础上取得自己的领先优势。对一些信誉比较好的公司和个人可以开展金融理财服务，商业银行可以给这些客户提供外汇买卖、投资咨询、保管箱、信用卡等业务，为这些客户提供一揽子服务。

另外，城市商业银行还要从技术创新方面入手。随着我国金融业的全面对外开放，外资银行给中资银行带来了巨大的挑战。城市商业银行在新形势下，要加快技术创新步伐，通过科技创新全面提高对外服务与经营管理水平。一是要通过技术手段的创新实现服务水平的提高。城市商业银行要结合实际，不断提高服务的科技含量，将技术手段快速转化为现实生产力，才能实现全行各项业务的可持续发展。二是要利用技术创新加速金融产品创新。在面临金融全球化挑战的情况下，金融产品创新已成为每家银行保持同业竞争优势和持续发展的必然选择。城市商业银行要努力提高技术水平，借鉴国外银行的成功经验，加快对网上银行、移动银行、电子商务等新型金融产品的开发和应用，树立名牌产品，吸引优质客户，扩大市场份额。三是要通过采取技术创新的方法，全面提高经营管理水平。目前，城市商业银行的内部管理主要靠人工进行控制，往往容易出现漏洞和产生问题。必须加快基础管理的应用程序开发，本着"信息共享、综合利用"的原则，利用先进的数据仓库技术，完善业务经营信息系统，建立综合客户信息库，为客户管理、市场分析、信贷评估等方面提供信息支持，提高经营管理水平。具体来讲，今后我国城市商业银行改革发展应重点强调以下几个方面：首先，以成功的市场定位为核心引领战略发展方向。战略制胜是企业生存、发展的法宝之一，当前和今后一个时期，我国银行业的竞争格局必将出现重大变化，也是城市商业银行的重要发展期和转折期，品牌和业务的竞争将更加激烈，复杂多变的环境要求城市商业银行真正能解答"如何获得持续回报"的战略命题。当前摆在城市商业银行面前的，就是要能根据外部竞争形势和环境变化寻求自己"可做什么"，通过内部资源和能力分析来确定"能做什么"，通过核心能力和竞争优势分析来回答"拟做什么"，这就是强调的企业发展战略的分析和研究。如果对自身的战略目标缺乏清晰的认识，服务对象摇摆不定，专业化特色不明显，很难在竞争中逃脱被兼并的厄运，如1999年美国《金融现代化服务法案》出台后，众多小商业银行被花旗银行、美国银行等大型银行加速并购。发展战略的制定，就要涉及摆脱"银行规模与市场定位矛盾"的陈旧思想误区。大银行的主要客户不一定就是大企业，花旗银行作为全球市值和资本规模最大的银行，其服务方向就是零售银行；中国工商银行作为资产规模最大的中资商业银行，其战略目标就是用30年时间成为中国最大的零售银行。那种期望抢占大企业、大项目、做大资产规模的发展思路，实际是忽略自身实际与水平的典型表现。能够进入哪些业务领域，需要强化、维持或收缩哪些业务领域，需要放弃哪些业务领域，已是摆在城市商业银行面前非常现实的一个问题。实践证明，"立足于地方经济、立足于中小企业、立足于社区居民"是改善城市商业银行资产和盈利结构，提高银行资产质量和经营效益的重要环节之一，也是我国中小商业银行应对产业结构和产能调整冲击的必由之路。其次，以实施新资本协议为契机不断提高风险管理能力。巴塞尔银行监管委员会颁布的《新资本协议》已被全世界各国监管当局和国际活跃银行所普遍接受，银监会也提出了中资大型银行在2010年实施此协议的明确时间表。应该说，《新资本协议》建立了有效资本监管的三大支柱，特别是第二支柱所提倡的内部评级法代表着全球银行业最先进的风险管理技术，引领着风险管理方向，是对商业银行影响意义深远的大事。《新资本协议》的实施是建立在国际通行的会计准则基础上的，2007年起国内所有上市银行都已按照财政部的要求，开始执行新的《企业会计准则》。与大型中资银行相比，城市商业银行在此方面的思想认识和准备明显不足。作为城市商业银行的高级管理人员应及时了解国际先进的风险管理方向，深刻领会《新资本协议》所提倡的提高风险敏感度、加强产品创新、节约资本耗费的核心思想，认真学习新会计准则科学完善的会计要素确认、计量和报告标准体系，积极做好实施新资本协议和新会计准则的业务培训、调查研究、系统改造及人才储备等基础性准备工作，研究、建立并完善与此相关的产品定价机制、资本配置机制以及绩效考核机制，逐步改进风险计量技术与系统，健全风险管理组织框架和流程。再次，以深化改革发展为助推器缩短差距，提升综合竞争力。不进则退，是非常现实的市场规则。缩短与"先进银行"的差距，关键要进一步推进和深化各项改革，尽快提升综合竞争力。要切实发挥公司治理的作用，强化内部控制机制建设，通过完善小企业贷款"六项机制"建设逐步掌握风险定价能力，加强差异化的产品创新；要高度重视风险管理、法律及财务管理等方面的人才引进和培养问题，逐步培养高素质的专业人才队伍。最后，以合规建设为主线建立健康、审慎的核心价值观。健康、审慎的风险文化是伴随着高风险运行的银行所不可或缺的，良好的内控意识将大大降低制度执行的成本，从一定意义上说，文化的重要性不比制度低，它直接影响着员工的行为习惯。城市商业银行的改革发展历程也再次说明，良好的资产质量需要健康、审慎的风险意识和风险文化作支撑。城市商业银行应大力加强合规文化建设，培养员工诚实、守信、审慎等道德价值标准和行为操守，树立"合规创造效益""合规人人有责"的理念，力求将合规意识、合规机制、合规文化渗透到机构网点和员工的日常经营活动中，为提高内部控制的有效性创造良好的文化环境。

5.2.4　提高资本充足率，建立长效的资本补充机制

商业银行作为经营风险的特殊金融企业，需要具备一定的抗风险能力，以确保其正常的经营运转。充足的资本是城市商业银行正常运营和防范风险的前提条件。随着规模的扩张、业务的快速发展以及跨区域经营等经营活动的开展，对城市商业银行的资本提出了越来越大的需求。然而，一方面，城市商业银行快速发展，在其资本充足率不足的情况下，盲目扩张规模，容易导致其与资本补充机制之间的脱节，从而影响了效率。城市商业银行的无效率与资本充足率呈负相关关系，也即资本充足率越低，就越表现为无效率。另一方面，由于我国资本市场的局限性，城市商业银行通过融资补充资本的渠道相当有限。鉴于此，建立符合我国城市商业银行自身情况的、行之有效的资本补充机制，扩充资本金并提高资本充足率就显得格外重要。

根据《巴塞尔协议Ⅲ》的最新规定，截至2015年1月，全球所有商业银行的一级资本充足率下限上调至6%，可见对商业银行资本充足率的重视。城市商业银行获得资金的方式很多，在巩固自身现有资金的基础上，应该积极利用各种有效的渠道，如上市、发行债券等，扩大自身的资金来源。一方面，积极准备上市，目前我国城市商业银行大部分还没有上市，无法募集到机构投资者及社会公众的资金；另一方面，加大同业拆借的比例，对于短期的资金不足问题，积极采用同业拆借来进行处理，提高资金的流动性和使用效率。城市商业银行在制定自身的盈利计划和增长目标时，一定要结合自身发展的实际状况，结合当前贷款投放的规模和范围，对近期及远期的实际盈利能力进行科学、准确的预测，结合盈利能力的现状及发展潜力，制定切合实际的规模增长幅度；注意"棘轮效应"的不良影响，保证在能够实现的基础上实现资金的最大化增长，以提高自身的成本效率。商业银行的贷款管理制度对其贷款管理效率来说具有非常显著的影响，进而影响其成本效率的提升。城市商业银行在完善贷款制度方面，一方面要控制贷款的发展速度，避免出现盲目的扩张导致隐性风险的存在；另一方面将良好的制衡与约束机制应用到贷款发放的整个过程，同时对整个过程推行精细化的管理，全面、科学地控制和降低支出成本，最终实现贷款管理促进贷款价值提升的目的。

城市商业银行的资本补充方式以市场化为主，根据市场化融资手段的不同，其可以通过如下两种途径来扩充资本，提高资本充足率。第一种途径可以称作是输血型资本补充，也可以称作外源式融资。它具体是指通过发行新股从银行体外募集资金以补充核心资本的一种融资方式。输血型资本补充的方式主要包括公开上市、增资扩股和发行次级或可转换债券，其中公司上市是城市商业银行补充资本最直接也最有效的方式。这些资本补充方式在我国城市商业银行实践中均已有体现，如自1999年以来，众多城市商业银行引入了境外战略投资者，上海、南京银行等获准发行了次级债，宁波、南京、北京银行在2007年先后于A股市场公开上市。这些都说明输血型资本补充方式是可行的。因而，应支持和引导城市商业银行增资扩股，鼓励有条件的城市商业银行上市，通过资本市场融资壮大资本实力，同时，允许符合条件的城市商业银行适时、适量地发行次级或可转换债券，增加附属资本，提高资本充足率，进而提高经营管理水平和银行效率。第二种途径是造血型资本补充，也被称作内源式融资。它具体是指主要依靠银行内部积累来补充核心资本的一种方式，即主要是依靠留存收益。在目前城市商业银行快速发展的阶段，城市商业银行的资本相对不足除了资本补充渠道少、受政策限制等因素的制约外，很重要的一个原因就是其自身的造血能力有限。因此，城市商业银行应该努力改善经营环境，提高其盈利水平，并在股东可承受的范围内限制或减少现金分红，从而增强资本积累，利用留存利润来补充核心资本，提高资本充足率。

资本充足率对银行来说至关重要，是银行防范风险的一道有力的防线。中国城市商业银行资本充足率反映了商业银行经营管理的稳定性和安全性，资本充足率高，说明其经营管理活动越安全，能够有效地抵制经营风险，提高自身的综合竞争力。因此，中国城市商业银行应保持合理的资本充足率，实现经营稳定。一方面增加银行的核心资本，通过发行股票和提高留存利润的方式，充实银行的资本金，提高银行的核心资本；另一方面减少加权风险资产，中国城市商业银行应尽量避开加权风险权重较高的业务，多开发和运用风险较低的业务，把业务发展的重点转向降低风险上，减少加权风险资产，通过分散经营的方式降低银行面临的风险。从专家学者大量的研究中我们可以看出，资本充足率对银行效率的影响是倒 U 形的，也就是说资本充足率既不能太高，也不能太低，太低就会使银行面临风险，影响银行的稳定性；太高就会使银行的营利性受到负面影响，降低银行的效率。因此，保持合理的资本充足率水平，既能维护银行的安全性和稳定性，又能使银行具有营利性。

5.2.5 加强风险防控，降低不良贷款率

20 世纪末出现的东南亚金融危机以及在 2007 年由美国次贷危机而引发的全球性的金融恐慌和动荡，使银行监管和金融业安全问题备受关注。这次金融危机虽然对我国银行业影响不大，但是值得我们思考总结，防患于未然。促进我国银行业稳健运行，维护我国公众对经济的信心是我国银行业监管当局在对我国银行业进行监管的主要目标。好的银行监管标准有：一是努力提升我国银行业在国际中的竞争力；二是促进金融稳定和金融创新的发展；三是鼓励公平竞争；四是对各类监管科学合理设限，减少不必要的限制；五是监管者和被监管者权责要明

确。只有符合上述标准的监管才是有效的银行业监管。

对于城市商业银行而言，要实现监管目标，具体要做到以下几点：首先，我们要对城市商业银行同时进行合规监管和风险监管。风险监管实质上就是对合规监管的再监管和进一步发展，在概念上已经涵盖了合规监管。合规监管是一种以事后结果来评价银行风险的一种监管措施，它是被动监管形式，即监管当局对商业银行发布执行监管政策在前，而真正付之行动的监管在后；相对于合规监管而言，风险监管是依据银行的资本充足率等财务指标来通过对银行的风险类别、风险程度进行分析，贯穿银行日常经营活动以此对银行风险进行防范的一种措施。加强城市商业银行的风险管理，进一步完善城市商业银行内部的控制制度，增强其自我约束能力，杜绝不良贷款产生的可能性，城市商业银行可以通过制定科学合理的风控指标体系，最大限度地减少城市商业银行的损失。其次，信息披露不仅能够减少城市商业银行风险，同时一定程度上是一种可以监管银行日常经营、促进银行效率提升的一个很好的监管体制。拥有好的信息披露制度、良好的法制环境，金融业发展自然良好。对于城市商业银行来说，良好的信息披露机制的作用非常显著，一方面可以很好地将其日常运营处于监管之中，保证运行的正常和有效；另一方面还能有效降低城市商业银行的风险，显著提高自身的风险抵御能力。对于政府来说，应该积极通过法律法规等形式，严格规定城市商业银行的监管体系和要求，保证良好的监管法制环境和体制；对于城市商业银行来说，要主动配合政府的监管，定期将自身的财务信息等要求披露的信息予以公布，不仅让政府能够很好地掌握城市商业银行的运营状态，也能够让公众了解城市商业银行的发展水平，从侧面激励城市商业银行效率的提升。最后，监管也要适度，过严会导致挤出效应，可能替代银行内部治理机构；过于松散，则会使银行的监管有其名无其实，阻碍金融业发展。城市商业银行在实行内部监管以及监管当局对城市商业银行日常经营进行监管时一定要把握好合理的度，使监管变成一项可以促进城市商业银行提升效率的途径，而并非瓶颈。不断提高城市商业银行内部稽核制度，实时跟踪关注贷款的现在或潜在变化，预防不良贷款的发生，同时专项稽核大额的不良贷款，对稽核发现的问题及相关责任者严惩不贷，将风险损失和负面影响降至最低水平。

很多学者研究认为，资本充足率与技术效率呈倒 U 形关系，即存在最佳资本结构，当资本充足率达到最佳资本结构时，随着资本充足率的提升银行技术效率是上升的，而当资本充足率超过最佳资本结构时，就会增加银行的资金成本，造成技术效率的下降，所以资本充足率并不是越高越好，太高会使银行的营利性受到负面影响，太低会影响银行的稳定性。2013 年 1 月 1 日，《商业银行资本管理办法（试行）》正式实施，在新资本管理办法下，资本充足率的计算方法更趋严格。为了满足监管当局更加严格的资本监管要求，城市商业银行开始采取约束风险资产扩张的资产管理战略，慎贷惜贷，持有过多资本，资本结构偏离最佳资本结构水平，即银行为了满足资本充足率的监管要求降低了银行的经营效率。因此，保持合理的资本充足率水平，既能维护银行经营的安全性和稳定性，又能使银行保持充分的盈利。

此外，正是由于不良贷款率高的原因，造成了贷款无法收回，造成了坏账损失，影响了商业银行的盈利能力，破坏了城市商业的营利性、安全性和流动性的目标。通过实证研究发现，不良贷款率和城市商业银行的效率存在负相关，即不良贷款率越高，银行效率就越低，反之就越高。因此降低不良贷款率就成为了提高城市商业银行效率的一个重要方法。建议通过以下途径降低城市商业银行的不良贷款率：第一，建立健全信贷管理体制，即银行要在信贷管理、信贷监督、信贷风险防范三方面加强管理。通过严格把控新增贷款的风险，加强信审人员风险责任意识，对信贷审批应该严格把关，认真做好审贷分离，同时加强落实抵押贷款制度，增强贷款人还款能力，保证贷出资金的安全。同时，要加强贷款的后期管理工作，追踪贷款人贷款资金的利用是否符合资金用途，同时对于贷款人出现的其他有可能产生贷款损失的事件，应立即终止贷款资金的发放，从而保证资金安全。同时，对于大额的贷款，如果超过自己的风险承受能力，可以和其他银行开展银团贷款，以达到分散风险的目的。第二，要加强不良贷款的贷后管理工作，加快向不良贷款管理公司剥离不良资产的速度，及时收回资金，同时可使尝试资产证券化，提高不良贷款的处置力度。

5.2.6 转变盈利模式，实现可持续发展

从前文基于 SFA 的中国省份城市商业银行效率分析可以看出，城市商业银行一方面，应保持传统业务的优势，巩固发展。应以拓展定期存款业务为主要手

段，满足不同客户的定期存款需求，综合运用通知存款、协议存款等方式吸收资金，以住房储蓄、教育储蓄等形式吸收个人闲散资金，打造与市场需求相适应的多种类业务体系。同时还应以短期贷款为主要突破口，将风险较低、资金流动强的业务作为重点发展的贷款种类等。另一方面，要稳健经营，不断创新。为了在激烈的竞争中取得发展和进步，各银行应该转变经营理念，充分利用现代化技术，重新设计业务流程和管理流程，推行作业成本制度，走集约化的银行经营之路。诸如个人理财、房地产投资等中间业务的创新与发展是银行产品创新的重要来源，应将中间业务作为银行产品调整、创新的主要内容。同时还应以互联网技术为基础，建立多功能、电子化的网络服务系统，充分利用计算机网络为拓展银行新兴业务提供有力的技术支持。

在当今我国进一步深化对外开放、引进外资、经济多元化的发展情形下，应通过如改变传统经济发展模式、调整经济结构、出台相应投资优惠政策等方式来实现绿色、高效、多元化发展，从而进一步提高商业银行对资源的利用效率对经济增长的贡献率。同时，还应从自然资源、人力资源、资本利用等方面入手，在生态经济系统平衡的前提下，在时间和空间上最优地利用和分配自然资源，合理布局生产力，充分调动资本的流动性，以达到经济的持续发展和资源的永续利用，取得最佳生态经济效益和社会效益，从而为我国经济的发展提供有力保障。

参考文献

［1］Aida Mosko, Anilda Bozdo. Modeling the relationship between bank efficiency, capital and risk in Albanian banking system ［J］. Procedia Economics and Finance, 2016 (39): 319 – 327.

［2］Aigner D J, Lovell C A K, Schmidt P J. Formulation and estimation of stochastic frontier models ［J］. Journal of Econometrics, 1977 (6): 21 – 37.

［3］Akhigbe A, McNulty J E. Bank monitoring, profit efficiency and the commercial lending business model. ［J］. Journal of Economics and Business, 2011, 63 (6): 531 – 551.

［4］Aly Y, Grabowski R, Pasurka C. Technical, scale and allocative efficiencies in U. S. banking: An empirical investigation ［J］. The Review of Economics and Statistics, 1990, 72 (2): 211 – 218.

［5］Andersen P, Petersen N C. A procedure for ranking efficient units in data envelopment analysis ［J］. Management Science, 1993, 39 (10): 1261 – 1264.

［6］Anderson R C, Fraser D R. Corporate control, bank risk taking, and the health of the banking industry ［J］. Journal of Banking and Finance, 2000, 24 (8): 1383 – 1398.

［7］Ansari M S. An empirical investigation of cost efficiency in the banking sector of Pakistan ［J］. SBP Research, 2007 (3): 31 – 37.

［8］Banker R D, Chang H. The super – efficiency procedure for outlier identification, not for ranking efficient units ［J］. European Journal of Operational Research,

2006, 175 (2): 1311 –1320.

[9] Banker R D, Charnes A, Cooper W W. Some models for estimating technical and scale inefficiencies in data envelopment analysis [J]. Management science, 1984, 30 (9): 1078 –1092.

[10] Battese G E, Coelli T J. Frontier production functions, technical efficiency and panel data: With application to paddy farmers in India [J]. Journal of Productivity Analysis, 1992, 3 (1/2): 153 –169.

[11] Beck T, Demirguc – Kunt A, Merrouche O. Islamic vs. conventional banking: Business model, efficiency and stability [J]. Journal of Banking & Finance, 2013, 37 (2): 433 –447.

[12] Berger A N, Humphrey D B. Bank scale economies, mergers, concentration, and efficiency: The U. S. experience [J]. Social Science Electronic Publishing, 1999: 94 –257.

[13] Berger A N, Humphrey D B. Efficiency of financial institutions: International survey and directions for future research [J]. European journal of operational research, 1997, 98 (2): 175 –212.

[14] Berger A N, Mester L J. Inside the black box: What explains differences in the efficiencies of financial institutions? [J]. Social Science Electronic Publishing, 1998, 21 (7): 895 –947.

[15] Berger A N, Hancock D, Humphrey D B. Bank efficiency derived from the profit function [J]. Journal of Banking and Finance, 1993, 17 (1): 317 –347.

[16] Berger A N, Hasan I, Zhou Mingming. Bank ownership and efficiency in China: What will happen in the world's largest nation? [J]. Journal of Banking and Finance, 2009, 33 (1): 113 –130.

[17] Berger A N, Humphrey D B. The dominance of inefficiencies over scale and product mix economies in banking [J]. Journal of Monetary Economics, 1991 (28): 117 –148.

[18] Berger A N, Hunter W C, Timme S G. The efficiency of financial institutions: A review and preview of research past, present and future [J]. Journal of

Banking and Finance, 1993, 17 (2 – 3): 221 – 249.

[19] Berger A N, Mester L J. Inside the black box: What explains differences in the efficiencies of financial institutions? [J] . Journal of Banking and Finance, 1997, 21 (7): 895 – 947.

[20] Berger A N. The profit – structure relationship in banking – test of market power and efficient – structure hypotheses [J] . Journal of Money, Credit and Banking, 1995, 27 (2): 404 – 431.

[21] Beston G J, Gerald A Hanweck, David B. Humphrey. Scale economies in banking: A restructuring and reassessment [J] . Journal of Money, Credit & Banking, 1982, 14 (4): 435 – 456.

[22] Beston G J. Branch banking and Economies of Scale [J] . Journal of Finance, 1965 (13): 312 – 331.

[23] Caves D W, Christensen L R, Diewert W E. The economic theory of index numbers and the measurement of input, output, and productivity [J] . Ecomometreca, 1982 (50): 1393 – 1414.

[24] Charnes A, Cooper W W, Rhodes E. Measuring the efficiency of decision making units [J] . European Journal of Operational Research, 1978, 2 (6): 429 – 444.

[25] Chen Z, Matousek R, Wanke P. Chinese bank efficiency during the global financial crisis: A combined approach using satisficing DEA and support vector machines [J] . The North American Journal of Economics and Finance, 2018 (43): 71 – 86.

[26] Chunxia Jiang, Shujie Yao, Genfu Feng. Bank ownership, privatization, and performance: Evidence from a transition country [J] . Journal of Banking and Finance, 2013, 37 (9): 3364 – 3372.

[27] Coelli T J. A guide to DEAP: A data envelopment analysis [J] . CEPA Working Paper, 1996 (8): 3 – 46.

[28] Cooper W W, Seiford L M, Thanassoulis E, et al. DEA and its uses in different countries [J] . European Journal of Operational Research, 2004, 154 (2):

337 – 344.

[29] Diamond Rajan. Liquid banks, financial stability, and interest rate policy [R]. National Bureau of Economic Research, 2011 (120): 552 – 591.

[30] Drake L, Hall M J B, Simper R. Bank modelling methodologies: A comparative non – parametric analysis of efficiency in the Japanese banking sector [J]. Journal of International Financial Markets, Institutions and Money, 2009, 19 (1): 1 – 15.

[31] Drake L, Hall M J B, Simper R. The impact of macroeconomic and regulatory factors on bank efficiency: A non – parametric analysis of Hong Kong's banking system [J]. Journal of Banking & Finance, 2006, 30 (5): 1443 – 1466.

[32] Dvaid Mautin. Bank consolidation and scale economies trend of banks in a developing country [J]. Journal of Economic Theory, 2011, 5 (1): 15 – 21.

[33] Fama E F. My life in finance [J]. Annual Review of Financial Economics, 2011, 3 (1): 1 – 15.

[34] Fare R, Grosskopf S, Norris M. Productivity growth, technical progress and efficiency changes in industrialized countries [J]. American Economic Review, 1994 (84): 66 – 83.

[35] Fotios Pasiouras. Estimating the technical and scale efficiency of Greek commercial banks: The impact of credit risk, off – balance sheet activities and international operations [J]. International Business Finance, 2008, 22 (3): 301 – 318.

[36] Fries S, Taci A. Cost efficiency of banks in transition: Evidence from 289 banks in 15 post – communist countries [J]. Journal of Banking & Finance, 2005, 29 (1): 55 – 81.

[37] Girardone C, Molyneux P, Gardener E P M. Analysing the determinants of bank efficiency: The case of Italian banks [J]. Applied Economics, 2004, 36 (3): 215 – 227.

[38] Goldsmith R. Financial structure and development [M]. New Haven: Yale University Press, 1969.

[39] Gtabowski R, Rangan N, Rezvanian R. The effects from bank deregulation on the efficiency of U. S. banking firms [J]. Journal of Economics and Business,

1994, 46 (1): 39 – 54.

[40] Gurley J G, Shaw E S. Money in a theory of finance [C]. Brooking Institution, 1960: 9 – 46.

[41] Heinz Ahn, Minh Hanh Le. An insight into the specification of the input – output set for DEA – based bank efficiency measurement [J]. Management Review Quarterly, 2014, 64 (1): 3 – 37.

[42] Hellmann T, Murdock K, Stiglitz J. Financial Restraint: Towards a new paradigm [J]. Role of Government in East Asian Economic Development, 1997: 163 – 208.

[43] Isik I, Hassan M K. Technical, scale and allocative efficiencies of Turkish banking industry [J]. Journal of Banking and Finance, 2002, 26 (4): 719 – 766.

[44] Jamaluddin M Y, David H. The efficiency of the national electricity board in malaysia: An intercountry comparison using DEA [J]. Energy Economics, 1997 (19): 255 – 269.

[45] Kaparakis E I, Miller S M, Noulas A G. Short – run cost inefficiency of commercial banks: A flexible stochastic frontier approach [J]. Journal of Money, Credit and Banking, 1994 (26): 875 – 895.

[46] Kumar S, Gulati R. Measuring efficiency, effectiveness and performance of Indian public sector banks [J]. International Journal of Productivity and Performance Management, 2009, 59 (1): 51 – 74.

[47] Kun – Li Lin, Anh Tuan Doan, Shuh – Chyi Doong. Changes in ownership structure and bank efficiency in Asian developing countries: The role of financial freedom [J]. International Review of Economics and Finance, 2016 (43): 19 – 34.

[48] Kwan S. The X – efficiency of commercial banks in Hong Kong [J]. Journal of Banking and Finance, 2006, 30 (4): 1127 – 1147.

[49] Lang G, Welzel P. Efficiency and technical progress in banking: Empirical results for a panel of German cooperative banks [J]. Journal of Banking and Finance, 1996 (20): 1003 – 1023.

[50] Lawrence M. Seiford, Joe Zhu. Profitability and marketability of the top 55

U. S. commercial banks [J]. Management Science, 1999, 45 (9): 1270 – 1288.

[51] Leibenstein H. Allocative efficiency and X – efficiency [J]. American Economic Review, 1966 (56): 392 – 415.

[52] Lensink R, Meesters A, Naaborg I. Bank efficiency and foreign owner-ship: Do good institution matter? [J]. Journal of Banking and Finance, 2008, 32 (5): 834 – 844.

[53] Liadaki, Gaganis, Macey, et al. The corporate governance of banks [J]. FRBNY Economic Policy Review, 2010 (3): 36 – 51.

[54] Malmquist S. Index numbers and indiffeence curves [J]. Trabajos de Es-tatistica, 1953 (4): 209 – 242.

[55] Maudos J, Pastor J M. Cost and profit efficiency in the Spanish banking sec-tor (1985 – 1996): A non – parametric approach [J]. Applied Financial Economics, 2003, 13 (1): 1 – 12.

[56] Maudos, Joaquin. Market structure and performance in Spanish banking u-sing a direct measure of efficiency [J]. Applied Financial Economics, 1998, 8 (2): 191 – 200.

[57] Mckinnon R I. Money and capital in economic development [M]. Wash-ington, D. C. : Brookings Institution, 1973.

[58] Meeusen W, Broeck J V D. Efficiency estimation from Cobb – Douglas pro-duction functions with composed error [J]. International Economic Review, 1977, 18 (2): 435 – 444.

[59] Mester L J. A study of bank efficiency taking into account risk – preferences [J]. Journal of Banking and Finance, 1996, 20 (6): 1025 – 1045.

[60] Miller S, Noulas A. The technical efficiency of large bank production [J]. Journal of Banking and Finance, 1996, 20 (3): 495 – 509.

[61] Nishimizu M, Page J M. Total factor productivity growth, technological pro-gress and technical efficiency change: Dimensions of productivity change in Yugoslavia, 1965 – 1978 [J]. Economic Journal, 1982, 92 (368): 920 – 936.

[62] Norfaizah Othman, Mariani Abdul – Majid, Aisyah Abdul – Rahman. Part-

nership financing and bank efficiency [J]. Pacific – Basin Finance Journal, 2017 (46): 1 – 13.

[63] Paola Sapienza. The effects of banking mergers on Loan contracts [J]. The Journal of Finance, 2002, 57 (1): 329 – 367.

[64] Restrepo. Profit efficiency of U. S. commercial banks: A decomposition [J]. Journal of Banking and Finance, 2013, 20 (7): 205 – 217.

[65] Robert De Young, Iftekhar Hasan. The performance of de novo commercial banks: A profit efficiency approach [J]. Journal of Banking and Finance, 1998, 22 (5): 565 – 587.

[66] Roberto Salvador, Cleverson Bringhenti, Jesuíno T. Tomita. Characterization of an ethanol fueled heavy – duty engine powering a generator set [J]. Applied Thermal Engineering, 2016 (102): 1395 – 1402.

[67] Roodman D. How to do xtabond2: An introduction to difference and system GMM in stata [J]. Center for Global Development working paper, 2006 (103): 1 – 50.

[68] Rosman R, Wahab N A, Zainol Z. Efficiency of Islamic banks during the financial crisis: An analysis of Middle Eastern and Asian countries [J]. Pacific – Basin Finance Journal, 2014 (28): 76 – 90.

[69] SaiYing Esther Deng, Elyas Elyasiani. Geographic diversification, bank holding company value, and risk [J]. Journal of Money, Credit and Banking, 2008 (6): 1217 – 1238.

[70] Sathye M. Efficency of banks in a developing economy: The case of India [J]. European Journal of Operational Research, 2003, 148 (3): 662 – 671.

[71] Seiford. Prioritization models for frontier decision making units in DEA [J]. European Journal of Operational Research, 1992, 59 (2): 319 – 323.

[72] Semih Yildirim H, Philippatos G C. Efficiency of banks: Recent evidence from the transition economies of Europe, 1993 – 2000 [J]. European Journal of Finance, 2007, 13 (2): 123 – 143.

[73] Shaw E S. Financial deepening in economic development [J]. Economic Journal, 1973, 84 (333): 227.

[74] Sherman, Gold. Branch operating efficiency: Evaluation with data envelopment analysis [J]. Journal of Banking & Finance, 1985, 9 (2): 297 – 315.

[75] Shrimal Perera, Michael Skully. On the cross – methodological validation of bank efficiency assessments [J]. Studies in Economics and Finance, 2012, 29 (1): 26 – 42.

[76] Sok – Gee Chan, Eric H Y Koh, Fauzi Zainir, Chen – Chen Yong. Market structure, institutional framework and bank efficiency in ASEAN [J]. Journal of Economics and Business, 2015 (82): 113 – 134.

[77] Teng K C. Bank scale and scope economies in California [J]. American Business Review, 1999, 10 (1): 67 – 99.

[78] Thi N A V, Vencappa D. Does the entry mode of foreign banks matter for bank efficiency? Evidence from the Czech Republic, Hungary, and Poland [R]. William Davidson Institute Working Paper, 2007, No. 925.

[79] Thouraya Triki, Imen Kouki, Mouna Ben Dhaou, Pietro Calice. Bank regulation and efficiency: What works for Africa? [J]. Research in International Business and Finance, 2017 (39): 183 – 205.

[80] Tone K, Tsutsui M. An epsilon – based measure of efficiency in DEA – A third pole of technical efficiency [J]. European Journal of Operational Research, 2010, 207 (3): 1554 – 1563.

[81] Tone K. A slack – based measure of super – efficiency in data envelopment analysis [J]. European Journal of Operational Research, 2002, 143 (1): 32 – 41.

[82] Tone K. Dealing with undesirable outputs in DEA: A Slacks based Measure (SBM) Approach [R]. GRIPS Research Report Series, 2003.

[83] Tone K. A slack – based measure of efficiency in data envelopment analysis [J]. European Journal of Operational Research, 2001 (130): 498 – 509.

[84] T T Lin, C C Lee, F T Chiu. Application of DEA in analyzing a bank's operating performance [J]. Expert Systems with Applications, 2009, 36 (5): 8883 – 8891.

[85] Walid A, Belkacem Laabas. Kuwaiti banks efficiency: An examination of

technical and allocative efficiency over the period 1994 – 2009 ［J］. International Review of Business Research Papers, 2012, 8 (5): 123 – 136.

［86］ Wang K, Huang W, Wu J, et al. Efficiency measures of the Chinese commercial banking system using an additive two – stage DEA ［J］. Omega, 2014 (44): 5 – 20.

［87］ Weill L. Measuring cost efficiency in European banking: A comparison of frontier techniques ［J］. Jouranl of Productivity Analysis , 2004, 2 (2): 133 – 152.

［88］ William H Greene. Econometric analasis ［M］. New York: Prentice Hall, 2007.

［89］ Wilson, Wheelock. Technical progress, inefficiency, and productivity change in U. S. banking, 1984 – 1993 ［J］. Journal of Money Credit & Banking, 1999, 31 (2): 212 – 234.

［90］ Yener Altunbas, John Goddard, Phil Molyneux. Technical change in banking ［J］. Economics Letters, 1999, 64 (2): 215 – 221.

［91］ Yue Piyu. Data envelopment analysis and commercial bank performance: A primer with applications to Missouri banks ［J］. Federal Reserve Bank of St. Louis, 1992, 74 (1): 31 – 45.

［92］ Yun Luo, Sailesh Tanna, Glauco De Vita. Financial openness, risk and bank efficiency: Cross – country evidence ［J］. Journal of Financial Stability, 2016 (24): 132 – 148.

［93］ 白雪梅, 臧微. 信用风险对中国商业银行成本效率的影响 ［J］. 财经问题研究, 2013 (2): 54 – 59.

［94］ 蔡允革, 张晓艳. 中国城市商业银行盈利性的地域差异 ［J］. 金融理论与实践, 2008 (8): 46 – 48.

［95］ 蔡志强, 孙晓萌. 中美城市商业银行跨区域发展的经济效率比较 ［J］. 财经科学, 2014 (3): 30 – 38.

［96］ 陈权宝, 张同涛. 城市商业银行的盈利能力分析 ［J］. 哈尔滨金融高等专科学校学报, 2008 (2): 22 – 24.

［97］陈一洪．基于 DEA－Malmquist 模型的城市商业银行效率分析［J］．金融理论与实践，2014（7）：58－63.

［98］迟国泰，杨德，吴珊珊．基于 DEA 方法的中国商业银行综合效率的研究［J］．中国管理科学，2006（5）：52－61

［99］戴芸．"圈地"的风险和盲区——论城市商业银行的跨区域经营［J］．中国商界（下半月），2009（4）：26－27.

［100］邓美萍．中国城市商业银行效率及其影响因素实证研究［D］．南昌：江西财经大学，2012.

［101］丁俊．我国地方性商业银行效率的国内比较［J］．经济纵横，2001（7）：35－37.

［102］丁玮．基于两阶段 DEA 方法的我国商业银行效率研究［D］．苏州：苏州大学，2015.

［103］杜岳．异地城市商业银行快速发展中存在的问题分析——以辽宁省大连市为例［J］．东北财经大学学报，2011（1）：45－48.

［104］付音．我国地方中小股份制银行市场定位分析［D］．成都：西南财经大学，2007.

［105］甘小丰．城市商业银行效率研究［J］．金融理论与实践，2007（3）：12－15.

［106］高蓓，张明，邹晓梅．影子银行对中国商业银行经营稳定性的影响——以中国 14 家上市商业银行理财产品为例［J］．经济管理，2016（6）：138－153.

［107］高进群．基于三阶段 DEA 的城市商业银行效率研究［J］．合作经济与科技，2010（8）：64－65.

［108］高奎峰．中资银行海外并购对银行效率的影响［D］．上海：华东师范大学，2011.

［109］高丽峰，朱洪贵．我国城市商业银行创造价值能力分析［J］．东北财经大学学报，2008（4）：16－19.

［110］高连和．基于产权制度的国有商业银行效率研究［J］．理论探讨，2005（1）：55－57.

［111］高明．基于非参数方法的中国商业银行效率研究［D］．天津：天津大学，2010.

［112］高鸣，陈秋红．贸易开放、经济增长、人力资本与碳排放绩效——来自中国农业的证据［J］．农业技术经济，2014（11）：101－110.

［113］顾晓安，袁照贺，龚德风．我国城市商业银行效率的区域差异及其影响因素研究［J］．南京审计大学学报，2017，14（1）：10－20.

［114］郭娜，薛超，胡佳琪等．我国城商行规模扩张方式与经营效率研究——基于随机前沿方法与嵌套模型的实证分析［J］．金融与经济，2017（12）：21－27.

［115］郭威．银行效率测度模型及其对比研究述评［J］．经济学动态，2013（6）：94－99.

［116］韩松，王二明．中国商业银行整体效率研究——基于具有中间投入和中间产出的综合网络 DEA 模型［J］．经济理论与经济管理，2015（8）：81－91.

［117］韩文亮．中国地方性银行效率分析［M］．北京：中国金融出版社，2000.

［118］何蛟，傅强，潘璐．股权结构改革对我国商业银行效率的影响［J］．财经科学，2010（268）：39－46.

［119］何意雄，蒋芳．基于 DEA－Tobit 二阶段法的城市商业银行效率评价——以中部六省9家城市商业银行为例［J］．科技和产业，2016，16（11）：151－158.

［120］侯晓辉，李婉丽，王青．所有权、市场势力与中国商业银行的全要素生产率［J］．世界经济，2011（2）：135－157.

［121］胡书芳．基于灰色关联度分析的上市银行绩效评价［J］．经济师，2015（1）：110－111.

［122］黄丹霞，郑宏．我国上市商业银行经营效率研究——基于灰色关联分析［J］．福建金融，2013（8）：27－32.

［123］黄海霞，张治河．基于 DEA 模型的我国战略性新兴产业科技资源配置效率研究［J］．中国软科学，2015（1）：150－159.

［124］黄勇.我国国有商业银行经营绩效的实证分析［D］.成都：西南财经大学，2008.

［125］李聪珊.基于SWOT分析的城市商业银行跨区域经营的研究［D］.成都：西南财经大学，2010.

［126］李丹.公司治理对我国城市商业银行效率的影响［D］.长沙：湖南大学，2015.

［127］李菊.基于跨区域发展视角的城市商业银行效率研究［D］.重庆：重庆大学，2014.

［128］李丽丽.利率市场化对我国城市商业银行效率影响的实证研究［D］.重庆：重庆工商大学，2016.

［129］李令昂.跨区域扩张对城市商业银行效率影响的实证分析［D］.哈尔滨：哈尔滨商业大学，2017.

［130］李明林，张秀华.基于灰色关联分析的上市银行竞争力评价［J］.财会月刊，2014（10）：37-41.

［131］李伟.基于灰色关联分析的上市银行盈利能力分析［J］.会计之友，2013（4）：85-87.

［132］李小胜，张焕明.中国上市银行效率与全要素生产率再研究——基于两阶段网络方向性距离SBM模型的实证分析［J］.财经研究，2015，41（9）：79-95.

［133］李勇，王满仓.基于超越对数函数的商业银行成本、利润效率实证研究［J］.投资研究，2011（8）：3-11.

［134］刘琛，宋蔚兰.基于SFA的中国商业银行效率研究［J］.金融研究，2004（6）：138-142.

［135］刘威，马胜伟.基于DEA的商业银行效率分析［J］.经济研究导刊，2014（3）：48-49.

［136］柳光强.随机前沿方法在银行效率测度中的应用——基于中国政策性银行和国有控股银行的实证分析［J］.武汉金融，2013（12）：31-33.

［137］芦丹.基于城市差异系数的城市商业银行效率研究［D］.大连：大连理工大学，2006.

［138］芦锋，刘维奇，史金凤．我国商业银行效率研究——基于储蓄新视角下的网络 DEA 方法［J］．中国软科学，2012（2）：174－184.

［139］罗登跃．基于 DEA 的商业银行效率实证研究［J］．管理科学，2005（2）：39－45.

［140］马盛楠．我国城市商业银行的效率研究［D］．北京：中央民族大学，2011.

［141］宁熙，蒋科瑛．中国地方性银行效率提升问题研究——以杭州市商业银行为例［J］．商业研究，2004（15）：126－133.

［142］潘正彦．对我国银行业市场结构与市场绩效的实证分析［J］．金融论坛，2004（6）：40－44，63.

［143］钱伟．中国城市商业银行效率的比较分析［D］．杭州：浙江大学，2007.

［144］芮有浩，许承明．基于 DEA 模型的我国城市商业银行效率动态研究［J］．南京财经大学学报，2010（2）：50－56.

［145］师博，沈坤荣．城市化、产业集聚与 EBM 能源效率［J］．产业经济研究，2012（6）：10－16，67.

［146］苏飞．金融改革下中国商业银行经营效率研究——基于 14 家商业银行面板数据的分析［J］．南京财经大学学报，2012（2）：34－42.

［147］孙海刚．我国城市商业银行效率研究［J］．金融理论与实践，2013（2）：33－36.

［148］谭政勋，李丽芳．中国商业银行的风险承担与效率——货币政策视角［J］．金融研究，2016（6）：112－126.

［149］谭中明．我国商业银行效率分析［J］．中国软科学，2002（3）：35－37＋19.

［150］童光荣，张磊．股份制商业银行效率风险指标研究［J］．中南财经政法大学学报，2007（6）：100－104.

［151］王春桥，夏祥谦．金融发展与全要素生产率：技术进步还是效率改善——基于随机前沿模型的实证研究［J］．上海金融，2015（4）：35－39.

［152］王贺峰，浦艳．我国城市商业银行技术效率影响机理探析［J］．商

业研究，2012（11）：156 - 160.

［153］王辉．城市商业银行区域化发展研究［D］．上海：复旦大学，2010.

［154］王健，窦育民．中国商业银行的成本非效率、规模经济及技术进步（1994 - 2010）——基于随机前沿对数成本函数方法的实证分析［J］．当代经济科学，2013（3）：34 - 43.

［155］王婧．我国商业银行效率测度分析——基于 SFA 技术的实证研究［J］．经济问题，2014（11）：33 - 37.

［156］王灵华，薛晶．我国商业银行效率评价及实证分析［J］．统计研究，2008（2）：83 - 87.

［157］王秀丽，鲍明明，张龙天．金融发展、信贷行为与信贷效率——基于我国城市商业银行的实证研究［J］．金融研究，2014（7）：94 - 108.

［158］王有森，许皓，卞亦文．工业用水系统效率评价：考虑污染物可处理特性的两阶段 DEA［J］．中国管理科学，2016（3）：169 - 176.

［159］魏权龄．评价相对有效的 DEA 方法［M］．北京：中国人民大学出版社，1988.

［160］吴晨．我国上市商业银行效率测度及影响因素分析——基于 DEA 的实证分析［J］．山西财经大学学报，2011，33（11）：47 - 54.

［161］吴聪．我国商业银行长期效率的动态分析［J］．南方金融，2013（11）：27 - 31.

［162］谢朝华，段军山．基于 DEA 方法的我国商业银行 X 效率研巧［J］．中国管理科学，2005（8）：120 - 128.

［163］徐辉，李健，钟慧波．银行效率与不良贷款冲击效应的实证研究——基于 SFA 测度分析的应用［J］．金融评论，2012（3）：29 - 40.

［164］徐临，贺彩萌，姚晓琳．京津冀地区城市商业银行运行效率测度的研究［J］．金融教育研究，2016，29（6）：48 - 51，80.

［165］薛峰，杨德礼．评价银行经营与管理综合效益的 DEA 模型［J］．数量经济技术经济研究，1998（5）：63 - 66.

［166］薛志惠．对我国城市商业银行效率的研究［D］．天津：南开大学，2009.

［167］闫珑. 我国商业银行效率研究［D］. 上海：华东师范大学，2005.

［168］严太华，郝岩. 中国商业银行成本效率 SFA 方法的实证研究［J］. 金融理论与实践，2009（1）：19 - 21.

［169］颜敏，王维国. 人力资本结构对我国技术效率的影响——基于随机前沿生产函数的实证分析［J］. 数学的实践与认知，2012，42（10）：11 - 18.

［170］杨长昱. 后金融危机时代中国商业银行效率分析——基于 DEA 模型法［J］. 经济研究导刊，2012（27）：66 - 67.

［171］杨卫平. 城市商业银行跨区域经营的分析与思考［J］. 特区经济，2010（1）：69 - 70.

［172］姚福锋. 农村商业银行效率评估分析［J］. 现代商业，2013（12）：46 - 47.

［173］叶仕良. 我国商业银行效率与风险承担关系研究——基于随机前沿法的实证研究［J］. 金融与经济，2015（3）：20 - 22.

［174］张超，顾锋，邸强. 基于随机前沿方法的我国商业银行成本效率测度研究［J］. 经济问题探索，2005（6）：116 - 119.

［175］张光华. 中国金融体系［M］. 北京：中国金融出版社，1997.

［176］张红军，叶菲. 商业银行利润效率测度及影响因素分析［J］. 金融论坛，2008，13（12）：37 - 41.

［177］张健华，王鹏. 中国银行业广义 Malmquist 生产率指数研究［J］. 经济研究，2010，45（8）：128 - 140.

［178］张权，张世英. 国有商业银行人力资源效率分析［J］. 甘肃科学学报，2004（2）：115 - 120.

［179］张晓乐. 中国城市商业银行跨区域经营对策选择［D］. 沈阳：辽宁大学，2011.

［180］赵家敏，冼丽文. 国有商业银行与股份制商业银行成本效率比较分析［J］. 财会通讯，2010（8）：55 - 57.

［181］赵旭，凌亢. 国有银行效率决定因素实证分析［J］. 统计研究，2000（8）：12 - 17.

［182］赵旭，周军民. 商业银行效率的国际比较研究［J］. 云南财贸学院

学报，2001（2）：40 – 45.

[183] 赵一晓．2004 – 2010 年我国商业银行效率的实证研究［D］．成都：西南财经大学，2012.

[184] 赵永乐，王均坦．商业银行效率、影响因素及其能力模型的解释结果［J］．金融研究，2008（3）：58 – 69.

[185] 周逢民，张会元，周海，孙佰清．基于两阶段关联 DEA 模型的我国商业银行效率评价［J］．金融研究，2010（11）：169 – 179.

[186] 周昊．中国城市商业银行效率的实证研究［D］．济南：山东大学，2008.

[187] 周四军，胡瑞，王欣．我国商业银行效率 DEA 测评模型的优化研究［J］．财经理论与实践，2012，33（6）：17 – 21.

[188] 周四军，谢艳兵．中国商业银行效率的影响因素分析［J］．统计与决策，2008（1）：134 – 136.

[189] 周四军．中国商业银行效率研究［M］．北京：中国统计出版社，2008.

[190] 朱蓓力．后危机下：我国商业银行效率分析［J］．武汉金融，2012（9）：41 – 43.

[191] 朱南，李军，吴庆，Wenli CHENG. 中国商业银行的生产效率和全要素生产力变化探析［J］．经济学家，2012（9）：56 – 61.

[192] 朱南，卓贤，董屹．关于我国国有商业银行效率的实证分析与改革策略［J］．管理世界，2004（2）：18 – 26.